合伙思维

孙伟力 ◎ 编著

HEHUO
SIWEI

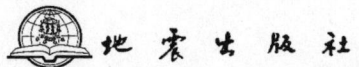

图书在版编目（CIP）数据

合伙思维 / 孙伟力编著 .— 北京：地震出版社，2018.9
ISBN 978-7-5028-4740-1

Ⅰ.①合… Ⅱ.①孙… Ⅲ.①企业经营管理－研究
Ⅳ.① F272.3

中国版本图书馆 CIP 数据核字 (2018) 第 151441 号

地震版　XM4172

合伙思维

孙伟力　编著

责任编辑：范静泊
责任校对：凌　樱

出版发行：**地 震 出 版 社**
　　　　　北京市海淀区民族大学南路 9 号　　邮编：100081
　　　　　发行部：68423031　68467993　　传真：88421706
　　　　　门市部：68467991　　　　　　　 传真：68467991
　　　　　总编室：68462709　68423029　　传真：68455221
　　　　　市场图书事业部：68721982
　　　　　E-mail：seis@mailbox.rol.cn.net
　　　　　http://www.dzpress.com.cn

经销：全国各地新华书店
印刷：三河市九洲财鑫印刷有限公司

版（印）次：2018 年 9 月第一版　　2018 年 9 月第一次印刷
开本：700×1000　　1/16
字数：186 千字
印张：14
书号：ISBN 978-7-5028-4740-1/F(5436)
定价：42.00 元

版权所有　翻印必究

（图书出现印装问题，本社负责调换）

CONTENTS 前言

步入互联网时代，市场已经发生了巨变，单枪匹马闯天下的时代已经过去，无论大小企业都要讲究团队合作，团队的力量已经成为企业发展的主要力量。

如果你是在创业中一味地埋头苦干靠你自己的资源，你能挖到多少优秀的人才？靠你自己的力量，你能拿下多少量级的客户？靠你自己，你能开多少分店或分公司？靠你自己，你能把公司管理做到什么水准？靠你自己的服务，你如何应对客户的售后问题……——你，光杆司令一个人，成功创业的可能性会少得可怜！

那我们再看看生活中的这些大企业：阿里巴巴合伙了，而且它的合伙制独树一帜；华为合伙了，共创共享的文化让其成为人才的聚集地；苹果也是合伙制，在手机和电脑领域创造了世界的经典传奇；Facebook创始合伙人的投资盈利成数亿级增长……也许你会说，这些都是大企业，有基础，有资源，成功可以说是必然；其实，市场中的很多小企业的合伙制也毫不逊色，它们同样利用合伙制实现了的收益不菲。

比如，乡镇的肉类加工厂、连锁的餐饮业，甚至是农业中的养殖业都会在合伙制中获益颇丰。不说那些企业大佬，就连普通百姓都懂得合伙的力量。

合伙究竟为何有如此大的魅力受到诸多创业和经营者的青睐呢？

首先，合伙解决了钱的问题。"没有钱万万不能"这句话几乎适用于生活的任何领域，创业和经营企业更不例外。一个人可用于投资经营的钱是有限的，但是合伙人可以共同出资，为企业的创立和经营积累更多的资金，这样，钱的问题就解决了。

其次，合伙解决了人的问题。我们都知道合伙人都是要对企业的经营和发展有一定贡献的，说白了，人才是企业的宝贵财富，而合伙制可以有效地吸纳人才、留住人才，正如马云所说，下一轮竞争不是人才的竞争，而是合伙制度的竞争，因此，合伙制在解决人的问题上发挥了很大的效力。

再次，合伙解决了智慧的问题。创立企业和经营企业光靠双手是不行的，更重要的是靠智慧，合伙就是要让"三个臭皮匠"顶一个"诸葛亮"，人人都为企业的创立和发展献计献策，势必比靠一个人的思维和智慧要高效得多。"众人拾柴火焰高"就是这个道理。

最后，合伙解决了资源的问题。合伙还有一个好处——大家的资源可以聚在一起，特别是人脉资源（"流量"）。自媒体的兴起让当今时代成为一个"流量"时代，没有"流量"好酒也得闷在巷子里，结果就是无人问津。而合伙可以集合众人的"流量"，快速传播产品和企业信息，尽快提升企业的人气和知名度。对企业来说，"流量"是非常渴求的资源，而合伙恰恰有助于"流量"资源的增长。

合伙制的的确确显示了出了强大的威力，但要想设计出适合本企业的合伙制并不那么容易。企业创始人首先要有合伙思维，多去看一些成功的合伙制企业的案例来吸取其中的精华，思考这样的合伙制是否适合自己的企业；也要从一些失败的合伙制案例中吸取教训，让自己少走弯路。

本书就是从合伙思维的角度出发，通过分析当今的时代背景和市场变化趋势，让传统体制创业模式的弊端充分暴露出来，并与蓬勃发展的合伙制进行了对比，让读者深刻领悟到合伙制的优势所在，继而介绍了合伙创业需要注意的方面，包括自身内功的修炼、如何寻找优秀的合适合伙人以及合伙制的设计与落实，通过大量的案例分析和实操方法向读者传达了合伙制的知识要点和经验之谈。

正如英国著名作家狄更斯所说："这是最好的时代，也是最差的时代。"如今我国正处于决胜全面建成小康社会的新时代中国特色社会主义市场经济转型期，机遇与挑战并存，特别是融资和人才的问题，希望合伙制能给一些处于困境中的企业带来一些启发，为其迎来希望和曙光，也希望读者朋友们能通过本书拓展思维，在创业之路上获得进一步发展。

CONTENTS 目 录

第一章 不懂合伙，你还敢谈创业

> 随着创业大潮的涌起，合伙已经成为创业的普遍规则。在互联网时代，一枝独秀屡见不鲜，但一个人打天下却是难上加难。在创业领域，单枪匹马独步天下的时代已经成为过去，精诚合作、金石为开才是硬道理。可以说，在互联网时代，不懂合伙，创业无从谈起！

共创共享时代，单打独斗无法打江山 / 003

传统雇佣，人才匮乏，企业发展乏力 / 007

有限的智慧与资本，怎奈何互联网时代的千军万马 / 010

大势所趋，合伙才能创大业 / 013

案例：海尔合伙人模式引爆业绩增长 / 016

第二章 共创时代，人人要有合伙思维

> 在共创共享时代，资金已经不是创业和企业发展的最大阻碍，反而"人"的问题成了企业最本质、最复杂的问题。正如马云所说：下一轮竞争，不是人才的竞争，而是合伙人的竞争！合伙思维就是要将优秀合伙人的思想、智慧和其他资源聚集起来，使其爆发强大的威力。合伙思维代表着当前和未来的企业管理新思维，人人需要去领会。

合伙思维：大佬们凭什么能创大业 / 021

吸引顶尖人才别靠招聘，而是要合伙 / 024

互联网时代：一个人无法搞定一切 / 027

集思广益，众人拾柴火焰高 / 030

扁平化时代：人人都是CEO / 034

众筹时代：股东多了好办事 / 037

内部创业：人人都是创业者，团队才有战斗力 / 039

案例：雷军靠合伙思维聚集人才 / 042

第三章 欲找合伙人，先修炼自身的内功

> 当你在选择别人做合伙人的时候，别人也在对你进行考量，如果自身的内功不够硬，可能就会让自己丧失主

> 动权和选择权。因此，在寻找合伙人之前，需要先审视自己的优点和缺点，扬长补短，先将自身的情况锻造优化，为吸引优秀的合伙人增加筹码。

把合伙人当作"爱人"来寻找 / 047

行动之前先塑造自己的形象 / 050

谈判之前先清楚自己的底线 / 054

主动出击找人才 / 057

外面的人才要挖掘，更要看到已有的人才 / 060

案例：李开复："三顾茅庐"去请人 / 063

第四章 选对人，合伙才有意义

> 情场中，找到合适的爱人，生活才会幸福；职场上，找到合适的合伙人，才会让事业顺风顺水；那么，什么样的人才是合适的合伙人？什么样的人需要避而远之？
>
> 在选择合伙人的时候，我们要把握一定的原则，做好人才的把关，努力选到适合企业发展的合伙人，这样的合伙才有意义。

没有共同目标的人不能选 / 069

价值观相背离的人不能选 / 073

没有忠诚感和坚定意志的人不能选 / 076

胆小怕事、没有担当的人不能选 / 079

哪些人不能选作合伙人 / 082

没有创业意识的人不能选 / 085

案例：马云如何选择恰当的合伙人团队 / 088

第五章 合伙赚钱之前，先立规矩

> 俗话说：无规矩不成方圆。对于合伙制，合伙之前必须先立好规矩，让这些规矩来指导合伙过程中合伙人的行为。大家一起共事，虽然目标一致，但诚信共赢、大局为重、坚决执行、互相监督的规则还是要有的，这样在出现一些问题的时候才有评判的标准和依据，才能让合伙人心服口服。

诚信是合伙共赢的首要原则 / 093

合伙人必须统一目标，以大局为重 / 096

有关钱的事儿：严谨再严谨 / 099

吸收合伙人股权进入：有规范才有秩序 / 102

合伙人退出：有准备才不畏惧 / 105

合伙制中股权回购与置换规则 / 108

互相监督，绝不徇私 / 112

依靠法律的公平、公正及权威解决问题 / 115

案例：温氏集团立规定矩，确保合伙人利益 / 118

第六章 选对合伙模式是合伙成功的前提

> 随着合伙制度被更多的企业认可和采用，合伙模式也是层出不穷，企业的情况不尽相同，适用的合伙模式也会有所区别。"适合的才是最好的。"本章我们就来分析一些常见的主要合伙模式，通过比较其特点和优劣，为企业选择合伙模式提供帮助。

大包干承包制——让内部人员成为"包工头" / 123

虚拟受限股权——让人才不再是"打工仔" / 126

有限合伙制——开放平台、网罗高素质人力资本 / 129

创新个人合伙制——多维一体，开放协同 / 133

控制公司的合伙模式——间接得到公司控制权 / 137

案例：任正非如何玩转华为股权控制 / 140

第七章 利益分配公平到位，才能让合伙更长久

> 在生活中，人们往往是只能同甘不能共苦；但在生意场上往往是大家一起赚钱容易，但赚到钱后的利益分配却成了难题，很多时候，合伙人会因为利益分配的问题反目成仇而散伙，因此，实行合伙制必须保证利益分配公平到位，这样才能让合伙更长久。

股权激励成为合伙制的"永动机" / 145

股权分配规则尽早落地 / 148

合伙制不能按出资多少论资排辈 / 151

钱不是万能的,还要满足合伙人的精神需求 / 154

综合考量合伙人的贡献,留足调整空间 / 157

预留股权,新老兼顾 / 160

避免平均主义,"老大"只能有一个 / 163

"亲兄弟明算账",利益分配公平、公开 / 166

案例:俞敏洪:合伙人创业一定要把利益提前分配好 / 170

第八章 合伙制的有效激励机制

> 合伙的很大一个作用就是激励,而最好的激励就是让人实实在在地感受到付出总有回报。要想留住优秀合伙人,就要满足合伙人的心理需求和回报预期。那么,怎样的激励机制才能让合伙人满意、让企业获利呢?本章所讲述的五大分配机制可以说是合伙激励机制的主要有效形式。

奖励式激励机制:把超额部分奖给合伙人 / 175

节约式激励机制:设定最低成本系数,把省出来的作为

奖金 / 178

按揭式分配机制:用未来的筹码留住合伙人 / 181

案例:永辉超市的合伙制度揭秘 / 184

第九章 风险无处不在，合伙制要特别防范的风险

> 我们都知道风险无处不在，对于合伙创业和经营也是一样。合伙制的风险主要有道德风险、协议风险、财产风险、管理风险、落地风险等，不同的风险会给合伙经营带来不同的麻烦。针对不同的情况，企业管理者要采取不同的措施来预防和控制风险，这样才能让企业的发展之路走得更顺畅。

道德风险：看错合伙人，果断散伙 / 189

合伙协议条款有漏洞，埋下隐患 / 192

涉及合伙制财产的法律风险 / 195

合伙制中事务管理的法律风险 / 198

合伙制中劳务出资的法律风险 / 202

隐名合伙的法律风险 / 205

案例：扎克伯格是如何将合伙人Saverin"踢出局"的 / 207

第一章

不懂合伙，
你还敢谈创业

随着创业大潮的涌起，合伙已经成为创业的普遍规则。在互联网时代，一枝独秀屡见不鲜，但一个人打天下却是难上加难。在创业领域，单枪匹马独步天下的时代已经成为过去，精诚合作、金石为开才是硬道理。可以说，在互联网时代，不懂合伙，创业无从谈起！

共创共享时代，单打独斗无法打江山

互联网时代，科技的发展达到了前所未有的高度，各行各业的市场竞争也空前激烈。在这样的环境中，无论是创业者还是传统企业，都不得不抱团取暖，这就是共创共享时代的特质——如果你要当"老板"，就不能单打独斗，因为如此，你无法获得大片市场。

顺着创业的发展大势来看，不难发现，如今的创业者自身拥有再好的创意、再强大的资本靠山，也不一定抵得过合伙创业的众志成城。众所周知的地产大佬万科也曾在这种层面上遇到一系列的小插曲。

雷军曾向万科总裁郁亮提出一个问题："你们的房子价格能不能降一半？"这个犀利的问题让郁亮感到紧张，同时也让万科因互联网时代的影响而焦虑，郁亮担心在互联网时代未来房地产行业会出现类似小米一样的"搅局者"，担心互联网思维会打乱旧的行业秩序，甚至会取代以万科为代表的行业模式（当时万科仍旧是职业经理人模式）。

为此，万科组织了名为"之间"的高管游访项目，从2013年10月到2014年2月，郁亮先后带领万科高管奔赴阿里巴巴、腾讯总部、海尔、小

米取经,随着学习的深入,万科对互联网思维有了新的认识:

当新时代的大幕揭开时,传统企业应该做的,不是远离自己熟悉的领域,而是理解新的规则,寻找新的伙伴,运用新的工具,将原有的业务做得更好。

这就是万科"事业合伙人"制度的萌芽和开端。万科就是通过分享机制、管理机制和发展机制突破了职业经理人的瓶颈,牢牢掌握住自己的命运,并且让发展之路越走越顺。

然而诸多企业恰恰就输在了单打独斗上。

某企业是国内一家生产消毒液的知名企业,在"非典"之前,就面临着市场需求与企业生产能力不足的矛盾,有人提议该企业老板找"外援",从而吸引投资、弥补资金缺口和化解投资风险,但该企业老板却担心无法控制合作伙伴,也不愿意将大把的时间花在寻找合作伙伴上,对"合伙"的建议嗤之以鼻。就在这时,"非典"疫情突发,消毒液市场急剧扩大,面对大好的商机,这家企业却没有足够的生产力,终于在这轮竞争中失势了。

案例中的企业老板就是没有意识到合伙的重要性,不顾实际情况,一门心思单打独斗,从而延误了企业的发展。

在共创共享时代,单打独斗只能走传统雇佣制的老路,没有志同道合的同伴,就只能靠自己的微薄的智慧和力量,用有限的资源在竞争的洪流中硬撑,这也会让企业暴露出很多问题。

老板集权,企业运作效率低

权力就是身份的象征,在传统企业中尤是:在传统企业中,通常都是老板大权在握，老板做出一切决定，员工只有无条件地去执行；遇到紧急情况，员工也需要层层向上级汇报，最后老板做出决定后再层层向下传达到员工；如此冗长的过程浪费时间不说，很可能会让企业错失良机，敢问，企业如何高效运作？

"打工仔"缺乏激情

在传统雇佣制下，除了老板都是员工，也就是我们说的"打工仔"，为老板打工，努力拼搏是这点薪水，吃饱混天黑还是这点薪水，反正都是这点薪水，饿不着肚子就行，企业赚了都是老板的，企业赔了老板担着，大不了自己再找一份工作。敢问，"打工仔"如何能有激情去工作？如何能把工作做得更好？如何能与老板同呼吸共命运？

"部门墙"越发厚重

"部门墙"说的是部门之间以及员工之间沟通与合作上的障碍。传统企业一般实行的是职能化组织管理，在员工的意识中，自己属于哪个部门就对哪个部门的事务负责，其他部门如果需要自己配合其完成工作，需要经过本部门主管的同意，这样的结果就是员工只顾部门利益，不顾企业整体利益，部门组织结构臃肿，企业管理混乱。敢问，员工之间、部门之间隔着厚厚的一堵"墙"，如何让企业高效运作？如何让企业顺畅运行？

"马屁精"大行其道

在传统雇佣制模式下，"普天之下莫非王土"，企业就是老板的，一切老板说了算，员工为了讨领导的欢心，溜须拍马是常有的事，在领导面前只说好话，对于领导的观点和意见都是无条件赞同与支持，没人敢违背领导的意思，也没人愿意冒着激怒领导的风险说出不同的见解。对于员工来说，拍马屁可以和领导搞好关系，这就等于得到了老板的庇护，敢问，这"百利而无一害"的事情谁不愿意去做？老板又如何了解企业的真实情况？

"高薪水"渐渐失灵

如今的职场主力军是80后和90后,他们都有着较强的个性,虽然很多人工作是为了赚钱,但除了金钱之外,他们还有情感的追求,需要信任和尊重,渴望能取得更大的进步和长远的发展,而这些正是传统企业中的"老板"所看不到的、顾及不到的。老板往往觉得员工就是为了钱而工作,出高薪肯定就能挖到人才、留住人才。人才来到企业之后,公司从上到下冷冰冰的,整天就是加班加点工作。敢问,虽然人才拿到了沉甸甸的钞票,但整日闷闷不乐,他能长期留在企业吗?

有福可以共享,有难不能同当

在传统企业中,员工上班就是为了赚钱从而养家糊口、改善生活,员工对企业没有感情,只有一纸合同。当企业效益好、薪资待遇较高、福利较好时,员工会绞尽脑汁留在企业,与企业"有福同享";一旦企业遇到瓶颈、出现危机,员工就会赶快给自己找后路,全然不顾企业的死活。敢问,在这种状态下,员工如何能提高责任心与企业共患难?

在互联网时代,如果你认为自己是高高在上的"老板",那你就只能单打独斗孤帆前进;如果你能与合伙人和企业站在一起,那你就让企业有了无限的活力和力量。

没有能与你风雨同舟的"伴儿",你就只能"孤独终老",更谈不上激起事业的滔天巨浪。

传统雇佣，人才匮乏，企业发展乏力

俗话说："千里马常有，而伯乐不常有。"互联网时代更是人才辈出的时代，然而在传统雇佣制度下，老板却很难觅到合适的人才，人才也很难遇到真正的伯乐，最终影响的是企业的发展。

其实，在这个高速发展的时代，并不是人才匮乏，也不是伯乐稀缺，而是人才与老板之间有着不可逾越的屏障。

再强悍的人才也是"打工仔"

人才必定是有着过人之处，对企业的关键运行环节也会有莫大的推动作用，即便人才有天大的本事，若是被老板的一纸合同所束缚，干老板派给的活，靠老板的薪水吃饭，只不过做了比其他人更有难度的工作而已，终究还是个"打工"的。对于人才来说，这样的境况真是屈才了。

招来即用，缺乏培训机制

老板往往认为高薪招来的人才能力超群，一来即可上岗投入工作，如果人才还需要企业花钱出力培训才能胜任工作，又怎能称之为人才？那么聘用这样的人和聘用普通人没什么区别。因此，老板对于人才的要求极高，对人才的期望也极高，觉得人才就应该是招来即用的，从而不愿再为人才设立专门的培训机制。殊不知，人才来到一个陌生的企业，一开始各方面都不适应，工作起来也定会遇到各种困难和问题，不会一开始就顺风顺水，在缺乏培训的情况下，工作上的各种不顺就会渐渐消磨人才的信心和积极性。

必须按照老板的方式工作

每个人都有自己的做事方式，人才开展工作也有自己的独特方法。但是老板只相信自己的方式，只懂自己的方式，在双方没有相互了解的情况下，老板会怀疑人才的做法，也会要求人才按照自己的方式去工作；老板的固执会严重打击人才的积极性，限制人才的能力的发挥。

前途是老板的，不是人才的

企业都会有远大的目标，为了这个目标，老板会组织员工努力工作；成果出来了，企业前途大好。但企业变得再强、前途再好，这些也是老板的，与人才无关，人才仍然只是为老板打工而已。

冰冷的工作，人才缺乏幸福感

在传统企业中，为了提高工作效率和产出企业会制定严格的制度来约束员工，缺乏人性化的管理让工作环境冷冰冰的，人才感受不到来自企业的温暖，自然不能满腔热血地投入到工作中。

雇佣制就是人才堕落的开始

提到雇佣，就离不开老板和员工。事实上，雇佣关系就是老板和员工之间的关系，老板是企业的主人，是企业的主宰者；员工只是按照老板的指令来做事而已，能力得不到施展，日子一天一天过，安稳中便滋生了堕落。想一想，多少人刚到某个企业时可能都是壮志凌云、信心满满，但慢慢地还是有可能会产生混日子的心态。

消除了这些屏障，人才才能够以企业为家，以企业的发展为自己的使命，以企业的前途为自己的前途，日航的起死回生便是很好的证明。

2010年1月9日，亚洲最大的航空公司——日本航空公司申请破产，且不论日航破产时的窘境，人们更关心的是日航破产的原因。日航的破产与金融危机、油价、突发事故和疫情脱不了干系，同时日本持续低迷的经济环境以及日本新干线的冲击也让日航元气大伤，但归根结底，日航自身体制僵化、缺乏良好的人才机制、经营管理不善才是导致日航破产的主要原因。

但是日本经营之圣稻盛和夫却像一个"魔术师"一样，用一年多的时间让日航起死回生、重新上市——稻盛和夫的法宝就是利用阿米巴经营模式，重视人才的作用，培养具有经营意识的人才。

稻盛和夫通过一系列的管理改革，以身作则，从人心出发，改变了员工的思想，激发了员工的利他之心，全心全意通过日航平台为他人服务，员工以日航为家，与日航荣辱与共，自然能为重振日航贡献力量。

稻盛和夫的经营哲学的根本出发点就是"敬天爱人"，他能够以人为本，建立相应的人才管理机制，从而激发人的主观能动性。如果稻盛和夫仍旧以日航旧的管理体制来接管日航，想必日航也未必能有起死回生的奇迹。

由此可见，人才匮乏只是传统雇佣制中老板的"自以为"，归根结底还是传统雇佣制伤了人才的心，削了人才的势，灭了人才的热情和斗志，企业才会发展乏力。

企业的改变应该从人才管理机制开始，摆脱传统雇佣制的束缚，关心人才的成长让人才真正感受到存在感，真正发挥自己的才能。

有限的智慧与资本，怎奈何互联网时代的千军万马

俗话说得好："一个好汉三个帮。"这句话道出了两层含义：一是"好汉"才有人愿意帮；二是"好汉"需要人帮才能成就事业。在互联网时代，一个人的智慧和资本总是有限的，无法与竞争对手的千军万马相抗衡。

创业的道路上，单打独斗可以闯出一片天地，但也极易因为势单力薄而中枪落马，相关数据显示，单打独斗创业失败的比例高达80%以上。每个人的时间和精力都是有限的，时代的快速发展让这个世界的"万能人才"越来越少，要想成就事业，必须借助他人之力，抱团前行，这也是合伙人变得如此重要的原因。

新东方的"三剑客"赫赫有名——俞敏洪、徐小平、王强是新东方的三位创始人，俞敏洪素有"移动英语词典"的称号，发音却无人能懂，他的最可贵之处就是足够有上进心、足够努力；徐小平是一位著名的留学签证、职业规划专家，充满了正能量，总是激情满满；王强于美国纽约州立大学学习计算机科学，取得硕士学位，典型的理想主义者，但性格沉稳冷静。

除了新东方"三剑客"之外，万通"六君子"、阿里巴巴"十八罗汉"、腾讯马化腾和"四大金刚"都让我们看到了合伙抱团的力量之大。

单枪匹马时间有限

时间是最无情的事物，即便你不眠不休，把毕生的精力都用于打拼事业，它也不会多给你一分一秒。每个人每天的时间只有有限的24小时，但是你每天有24小时，我每天有24小时，加起来就是48小时；两人一起努力，在有限的24小时内就能完成单独一人48小时才能完成的工作。

单打独斗，智慧和能力有限

在新东方的案例中，俞敏洪足够上进、努力，但如果仅靠他的上进和努力，没有徐小平的热情、没有王强的智慧与冷静，俞敏洪怕是花尽自己的气力也创不出这名号响亮的新东方；如果让徐小平凭着一腔热情单干，怕是他的热情也会被现实无情浇灭；而王强虽有智慧和冷静的性格，但没有俞敏洪的勤奋，没有徐小平的正能量，也不能让新东方发展如此迅速。任何一个人的智慧和能力都是有限的，众人拾柴，互相取长补短的力量才会更强大。

单独创业，资金、资源有限

创业需要资金和资源，维持企业运行也需要资金和资源，但是一个人的资金和资源总是有限的；如果几个志同道合的人凑到一起，按照一定的规则共同拿出资金，充分调动自身拥有的资源，创业将会得到更好的进展。

一个人的圈子有限

如今无论是工作还是生活都讲究圈子。圈子就是人脉，人脉广就好办事。每个人都有自己的圈子，也可以在一定程度上不断扩大自己的圈子，但需要花费人力、物力、时间、金钱，甚至还要付出感情，可以说，一个人的圈子是十分有限的；但如果能把几个人的圈子加在一起，这个圈子就会变得非常大，辐射范围也会更广。

太原一家计算机公司的创始人刘某、曲某和袁某被人们称为创业"三侠客"，他们能够走到一起创业成功就是建立在具有不同专长、优势互补的基础上的。

"三侠客"在大学时关系就比较好，但毕业后，三个人并没有立马组团创业，而是各自选择了不同的道路。三年后，"三侠客"各自练就了一身的本领，刘某首先有了创业的想法，他的想法被曲某和袁某知道以后，得到了他二人的极大支持和鼓励，并且希望一起创业。就这样，三人在太原注册了一家资本50万元的计算机公司。

尽管在公司成立之前，三人也曾因为资金问题而困难重重，但三人看重的都是他人的专长和优势，而且能够齐心协力地充分利用自己的资源和优势解决各种问题，他们优势互补，最终实现了共同的梦想。

不仅是那些大企业需要寻求合作伙伴，现实生活中类似"三剑客"的创业案例也有很多，因为很多创业者意识到单打独斗的局限性，所以更愿意选择抱团创业，让创业成功的几率增加些。

创业的道路上，只有认识到自身的局限性，认识到单枪匹马闯天下的艰难，同时清楚地认识到自身的优势和不足，才能有明确的目标，从而找到能够与自己优势互补的人，才能让创业的道路走得更加顺畅。

大势所趋，合伙才能创大业

时间在推移，时代在前进，一切事物都在发生变化。止步不前，相当于落后。在创业和企业经营上，我们必须把握大势，追随大势，这样才能很好地跟上时代的脚步，才能在互联网时代顺势而为。

在互联网时代，一切都变得更加快速，仿佛没有了思考的时间，也没有了停留的时间，"分秒必争"成了我们工作和生活的节奏和准则。匆忙中，你会发现一切都有了很大的不同——变化太大、太快了；而对于创业和企业经营的转变，主要体现在以下几个方面。

时代在转变

我们正在从工业时代走向移动互联网时代；在工业时代，创业和经营企业靠经验；而移动互联网时代，企业的发展必须靠学习，只有不断学习、不断进步，企业才能长足发展。学习就是要借助他人的力量来增长自身的才干、实现最初的目标。

思维在转变

随着时代的进步，人们的物质生活越来越富足，对于物质和精神上的需求发生了变化，思维方式也产生了巨大变化。以前人们找工作上班多是为了养家糊口，而现在除了解决基本的温饱问题以外，还有着更高层面的理想和追求。人人都不愿机械式地工作，对于自己的职业规划和人生规划都有更高的目标。

角色在转变

员工在满足了基本的物质生活以后，也不再是以前那种跟老板"讨"生活的"打工仔"，他们也渴望成为企业的主人，能够让自己的辛勤劳动更有价值。如今的求职者更愿意寻求合作，而不是寻找工作，传统的雇员也开始向合伙人角色转变；老板也不能只是高高在上、独断专行，而是要成为事业的组织者、事业上的合伙人。

格局在转变

在种种形式的推动下，传统雇佣制正在走向末路，取而代之的是合伙制。上一代人在雇佣制下忠诚为一家企业服务，即便终身只是一个普通员工，终身只拿固定的工资，他们也毫无怨言；而现在，充斥在我们耳边的是"团队""合伙人""战友"，我们正在大步向合伙人时代迈进。"团队"说明我们是一个紧紧凝聚在一起的集体，"合伙人"说明我们成了企业的主人，而不仅仅是个靠薪水吃饭的普通员工。

比尔·盖茨是个计算机天才，但公司管理却是他的短板，于是微软在创立不久就出现了危机。比尔·盖茨深知自己的能力缺陷，于是开始寻找管理方面的人才做合伙人，他将目标锁定为自己的哈佛校友史蒂夫·鲍尔默。

他的这位校友是个热情开朗、幽默机智的人，有很好的社交能力，恰与腼腆沉稳的比尔·盖茨形成互补。

比尔·盖茨用可观的年薪和一定的股权打动了史蒂夫·鲍尔默，史蒂夫·鲍尔默荣幸地成为微软第一位非技术学员毕业的受聘者，同时也是微软的合伙人之一。

史蒂夫·鲍尔默来到微软就把微软当成了自己的家，充分发挥自己的社交才能和管理才能，他与比尔·盖茨密切配合，一个潜心管理，一个做技术攻关，让微软克服重重困难，取得了一次又一次的成功，最终成为世界知名大企业。

比尔·盖茨就是一个精明的企业掌舵者，他敢于正视自己的不足，能够与他人合作并分享自己的事业，依靠合伙人的力量，微软取得了巨大的成功。如果比尔·盖茨是一个传统的保守的经营者，不愿与人合伙，那他就得不到优秀的合作伙伴，自然也治愈不了微软的管理顽疾，在这样的情形下，微软的前途恐是堪忧。

互联网时代可以造就专才，但不能造就全才，没有人十全十美、样样精通；成大事者，就要懂得顺应时代，与人合作，与人合伙，互相取长补短，才能让事业更好地发展。

案例：海尔合伙人模式引爆业绩增长

1984年，张瑞敏先生任青岛市家用电器工业公司副经理，同年，于青岛电冰箱总厂担任厂长，该厂当时是一个亏损147万元的小厂，谁曾想，就是在这样糟糕的情况下，张瑞敏励精图治，创造了举世闻名的海尔。

2013年开始，海尔提出"三化"改革，即企业平台化、员工创客化、用户个性化。2015年8月20日，海尔集团CEO张瑞敏做了题为《海尔的转型——从制造产品的企业转型为孵化创客的平台》的演讲，这次演讲的主题依然是企业平台化和员工创客化，标志着海尔合伙人时代的全面到来。

企业平台化

张瑞敏认为，互联网时代，僵化的科层组织已经不能对企业发展贡献新的力量，平台反而越发重要，这个平台就是互联网。在海尔，以前的诸多层级如今只有区区三个人，这三个人之间，不存在谁领导谁的关系，而是合伙人的关系。

第一类合伙人是平台主，就是通过这些平台产生创业团队和外部合伙人；第二类合伙人是小微主，也可以说是一个创业团队；第三类是小微，在这一层面，普通员工要变成创客。

员工创客化

如今在海尔，员工已经不再是雇佣者，更不是管理层命令的执行者，而是转变成了海尔的创业者和合伙人，海尔特地制定了"动态合伙制"，员工可以入股某一小微企业，也可以投资某一小微企业，有能力的员工可以助力小微上市，业绩不好的则会被淘汰出局。

著名的雷神游戏笔记本孵化项目就是海尔外部合伙人的成功案例。

雷神其实就是一款游戏笔记本，它没有海尔的"LOGO"，也不是海尔生产的，可以说只从表面看不出与海尔的联系，但它却是海尔企业内部孵化器的产物。

雷神游戏本于2013年进入市场；2014年1月在京东上市，3000台游戏本在20分钟内售罄。2014年7月，"雷神911"上市，10秒钟售出3000台。2014年，雷神科技销售额达2.5亿，净利润达1300万。2015年，雷神科技开始独立运作，海尔的股份降到50%以下。

小微主也就是创业公司的负责人，这类人群可以来自于海尔内部，也可以通过外部竞聘而来。在小微公司中持有一定股份的创业者就是"创客"，但必须根据海尔的协议规定完成一定的目标值才能兑换自己的股份。可以说，海尔的员工创客化对员工有着强大的激烈作用，同时也给了员工公平的优胜劣汰的竞争机制。

雷神科技其实就是海尔内部的员工创业创立的，在海尔推行内部变革的时候，雷神科技创始人路凯林成了海尔内部的"小微主"，借助这个平台，才有了今天的日益强大的雷神科技。

创新合伙人计划

2017年1月，海尔开放创新平台HOPE发布"创新合伙人计划"，该计划的目的是在全球范围内网罗各类专业人士，从而解决企业级客户、个人和创新者在创新过程中遇到的各种问题，以社群的力量推动创新创业的发展。

创新合伙人社群解决的虽然是技术人员和企业的创新创意问题，但这些问题的解决将推动企业的技术进步和产品创新，使企业产品更能满足消费者的需要，直接的表现还是企业产品销量和利润的不断增长。

虽然海尔的合伙人模式也经历了一些曲折和坎坷，但随着海尔合伙人模式的不断成熟与深入，合伙人模式的优势和成效也凸显出来，从2013年至2016年的年报分析报告中，可以看出海尔在实行合伙人模式前后的业绩增长速度：

2012年度，海尔电器净利润约16.95亿元人民币。

2013年度，海尔电器净利润约20.37亿元人民币。

2014年度，海尔电器净利润约24.47亿元人民币。

2015年度，海尔电器净利润约27.03亿元人民币。

2016年度，海尔电器净利润约27.86亿元人民币。

2017年上半年，海尔电器净利润约14.50亿元人民币，同比增长26.44%。

海尔强劲的业绩增长势头虽然不只是合伙制的功劳，但合伙制确实在一定程度上让海尔做出了根本性的改变，合伙制让海尔集团人人都是"创客"；人人都是企业的经营者；人人都能把个人利益和企业利益紧紧绑在一起；在这种模式下，业绩想不增长都难。并且，合伙人模式还将长期为海尔的飞速发展带来更多的益处。

从海尔的合伙人模式我们可以看出合伙的强大力量，也需要学习海尔合伙人模式的精华所在。拥有合伙思维，懂得合伙的重要意义，你才能聚集周围的优势，让事业发展壮大。

第二章

共创时代，
人人要有合伙思维

在共创共享时代，资金已经不是创业和企业发展的最大阻碍，反而"人"的问题成了企业最本质、最复杂的问题。正如马云所说：下一轮竞争，不是人才的竞争，而是合伙人的竞争！合伙思维就是要将优秀合伙人的思想、智慧和其他资源聚集起来，使其爆发强大的威力。合伙思维代表着当前和未来的企业管理新思维，人人需要去领会。

合伙思维：大佬们凭什么能创大业

"合伙"，顾名思义就是合在一起，成为一伙。纵览我们熟知的一些大企业，阿里巴巴的马云搞合伙，腾讯的马化腾选择合伙，万科的郁亮选择合伙；不光大企业，卖肉夹馍要合伙、卖饮料的西少也要合伙，甚至连做街头小生意的都合伙……

或许你会说小业主因为资金和资源的限制为了发展会选择合伙，可那些商界大佬们为什么已经独占鳌头了还要选择合伙制呢？他们是缺钱吗？他们缺人才吗？当然不是。那是为什么呢？

为了更大的格局和更高的境界

超越无止境——企业家更是如此，即便是站在行业顶峰的成功的企业家也永远不会满足，仍旧想超越自己——他们想要更多的资源、做更大的平台、做更好的产品、提供更好的服务。

合伙更能助力企业的发展

中国的小企业为什么有很多会半途而废，为什么寿命如此短暂？答案就是这些企业不懂合作、合伙。不合作，就无法组建起优秀的团队；合作精神的缺少，也无法让团队发挥真正的效力；害怕吃亏、斤斤计较、不愿付出，都会让企业的发展裹足不前。而商界大佬们有更宽广的胸怀，他们看到的不是吃亏的痛苦，而是合作的甜头，他们深知合伙更能助力企业的发展。

越是大企业越容易产生信任

企业做强做大之后，更容易得到他人的信任，这是不争的事实，他们既愿意信任别人，也容易让别人信任自己。建立在信任基础上的合作必定更能发挥强大的效力，这就像是一个良性循环一样，越强大越有可信度，可信度越高合作越容易成功，合作越成功企业会越发强大。

合作能够放大价值

众所周知，水滴只有汇入大海才不会干涸，经营企业同样如此。个体的力量总是渺小的，而合作能够放大个体的价值。成功者与失败者最大的区别就是成功者总是想着与人合作、互相帮助；失败者却总是嫉贤妒能、打击别人。看我们身边的人，凡是能主动与人合作的人，事业都会蒸蒸日上；而那些拒人于千里之外的人，事业发展都不会太快。

2015年，曾在吉利控股集团、沃尔沃中国区创下辉煌成绩的沈晖注册成立了威马汽车技术有限公司，威马作为一家全球化的创业企业，有着一支过硬的优秀合伙人团队，这也是核心竞争力所在。

沈晖，威马创始人、董事长兼CEO，曾任沃尔沃轿车董事会董事、浙江吉利控股集团副总裁、沃尔沃汽车全球高级副总裁兼沃尔沃汽车中国区董事长，是行业中赫赫有名的人物。

杜立刚，威马汽车联合创始人兼副董事长，澳大利亚SOUTHERNCROSS大学MBA、美国THUNDERBIRD商学院EMBA，曾担任GSK财务总监，吉利集团财务副总裁，可谓财务管理的大师级人物。

张然，威马汽车首席财务官CFO，曾在福特汽车中国及北美市场担任管理职务，加入吉利之后，成为集团资本运作和融资的一把手。

孙震，威马汽车设计总监，英国考文垂大学汽车设计硕士，曾先后在泛亚设计中心、宾利汽车设计部、上汽集团、福田、博泰等任职，其设计作品包括麒麟、宾利勒芒赛等车型。

林仕翰，威马汽车产品规划总监，台湾中原大学机械工程毕业，后获得加利福尼亚大学企业管理学硕士学位，一直在汽车主机厂从事产品规划和产品市场策略制定的工作，对上海通用、宝沃汽车都做出了卓越的贡献。

威马的核心团队个个都是行业的资深人士，然而威马的发展靠的不只是这几个核心人物，而是一批人的共同努力。威马强调平等和公平的合作机制，不管CEO还是一般员工都是平等的，也正是用合伙思维来管理庞大的团队的。在威马，合伙思维是很重要的思维方式之一，管理层首先要搞清楚团队成员需要什么，然后向他们展示企业的远大目标和伟大愿景，让员工都能感受到企业独特的能力和价值，并与企业同呼吸共命运，创造共同的美好的未来。

合伙思维是威马汽车脚踏实地不断发展壮大的动力所在，合伙能够让威马凝聚核心力量，同时让所有员工产生强大的工作动力，让企业始终保持铆劲儿向前的势头。

企业的创业者和经营者不光要看到那些企业大佬们的处处风光，还要学习他们合伙的智慧，懂得用合伙思维来促进企业的快速发展。

吸引顶尖人才别靠招聘，而是要合伙

提到招聘，我们都会想到那冷冰冰的一纸合同，靠招聘吸纳人才，一开始就凉了人才的心。在互联网时代，企业不能靠招聘来吸引顶尖人才，而要靠合伙。

随着时代的变迁，人才资本正在成为企业发展的最重要的资本，企业为了吸引人才，已经很少提及高薪、高职位的诱惑，取而代之的是合伙制度和股权激励计划。

高盛的合伙制度曾经闻名全球，在其发展历程中起到了至关重要的作用。

高盛有着很高的人气，是美国人才的聚集地之一，为什么高盛能够聚集如此高的人气？答案不仅与高盛给出的诱人薪资有关，更与高盛的合伙制有着莫大的关系。20世纪90年代以来，在高盛全球闻名的华尔街"85"号大楼总部一直是投行精英们最梦寐以求的工作地方，人人都梦想成为高盛合伙人。

高盛分布于全球的员工有2万多名，合伙人的年薪更是高达百万，丰厚的福利待遇有利于吸纳优秀的人才并保持长期稳定。

可见，合伙制就是高盛广纳人才的法宝。此外，高盛的合伙制度有严格合理的惩罚和激励机制，在这种机制之下，高管人员普遍具有强烈的风险意识和责任意识，不断为企业培养人才、塑造人才。

从高盛的案例中我们不难发现合伙对于人才的强大吸引力。合伙制与传统的招聘制有着本质的不同，主要体现在以下几点：

角色不同

招聘是老板招聘人才，人才与老板之间是雇佣关系；而合伙制是老板和人才共享共担，人才与老板之间是合作共赢关系；招聘来的人才，始终都是员工，是靠老板薪水吃饭的；而合伙制中的人才，是企业的经营者，是企业的"主人"。

待遇不同

招聘的人才很可能就是按照老板的指示来工作，定期拿固定的薪水，权力也会受到一定的限制；而合伙制中的人才，与企业是一损俱损一荣俱荣的关系，企业的收益会直接影响合伙人利益，同时，合伙人也享有一定的权力。

心态不同

招聘来的人才会存在强烈的"打工"心态，为老板打工积极性自然不高；合伙人是为自己"打工"，自己的付出与回报基本成正比，想要获得较高的回报，就必须与众合伙人齐心协力、全力以赴。

有一家企业的董事长因身体原因，决定让儿子继承家业。儿子上任的前几天，写了一份就职演讲稿，他花了整整三天的时间来准备这篇演讲稿，觉得应该是一次完美的演讲，于是把演讲稿拿给老董事长看。

老董事长看完这份演讲稿夸赞自己的儿子说:"演讲稿很精彩,你的确用心了。"儿子听了得意洋洋,但就在这时,老董事长话锋一转:"不过,这里还是有一点问题,如果在'我'字后面加上一个'们',就更完美了;否则,你会失去人心。"

"为什么?有这么严重?"儿子不解。

老董事长语重心长地说:"你看,'我的公司''我的股票''你们的工作',其中根本没有'我们',员工听了这样的话,自然会认为你是老板,他们是员工,员工是不会好好工作的。"

"可是我本来就是公司的老板,这样说也没错呀。"儿子不服气。

"你的确是公司的老板,但是这不代表你一个人就能成大事;员工听到'我们'心里会温暖很多,他们会把工作做得更漂亮。"老董事长说。

儿子听完父亲的一番话恍然大悟,于是改了演讲稿,其中,特别强调了"我们",并强调公司的成就是所有员工一起努力得来的。

儿子按照父亲传授的秘诀管理公司,很快就得到了全体员工的尊重和认可,公司的业绩也是蒸蒸日上。

从上面的案例我们可以看出,"我"就是老板的自我,"我们"就是将员工视为自己人、合伙人。人的心理就是这样。为自己做事就会拼尽全力,而为他人做事则会敷衍了事。

因此,创业者和企业经营者要摒弃传统的招聘老路,而要靠合伙来吸引人才。合伙,能让人才感受到尊重、信任与满足,让其真正认识到自身的价值并极大限度地发挥自身的价值,全心全意留在企业,死心踏地为企业贡献力量。

互联网时代：一个人无法搞定一切

互联网时代，企业的发展需要方方面面的人才，需要在各个方面妥善经营、超越对手，但是时代的快速发展注定"全能冠军"越来越少，一个人显然无法搞定一切，如果在发展的道路上与适合的人合伙，战胜困难、谋求进步会更轻松。

圣马诺是美国著名百货公司圣马诺·皮埃尔公司的创始人之一，圣马诺非常喜欢与人合作，这是他的事业能够发展壮大的主要原因之一。

在创业初期，圣马诺为了寻找优秀的合伙人没少花费时间和精力，当他遇到皮埃尔的时候，两人紧紧拥抱在一起，并以两个人的姓氏命名了这个世界级企业。圣马诺和皮埃尔的合伙壮大了公司的财力，为公司创造了更多更好的机遇，合伙经营第一年，公司的营业额就比合伙之前增加了近十倍。

随后，公司营业额仍在增长，而且增长得更快了，但圣马诺和皮埃尔又感到力不从心了。这时候，皮埃尔提议：我们何不请一个有才能的人参与合伙？圣马诺非常赞同皮埃尔的提议。二人很快再次开始寻找合适的合伙人。

直到二人遇到了一位经营手法令人折服的布料店老板时，他们都非常欣赏这位布料店老板的经营才干，并同时认准了这位合伙人，经过二人的坦诚相邀，布料店老板加入了圣马诺·皮埃尔百货公司。布料店老板全心投入工作，十年之中，圣马诺·皮埃尔百货公司营业额又增加了六百多倍！

如果圣马诺不与人合作，想必终生也无法取得这么好的成就。

一个人做事可谓处处掣肘，有限的精力、有限的资金、有限的人脉都会让一个人的创业之路苦不堪言；一个人的精力总是有限的，资源的局限性会让企业错失很多良机；一个人打拼，如果被现实打倒，就要花很大力气才能站起来，甚至从此就站不起来了。合伙抱团才是做大事的坦途。

解决资金短板

一个人创业或经营企业自己的钱总是有限的，在需要资金做后盾应对各种风险的时候，很可能会因为资金链的断裂而让企业翻不了身。合伙则不同，每位合伙人都按照一定的规则投入资金，就会让企业的运转资金得到倍数级扩大，从而降低企业的资金风险。

盘活人力资源

优秀的人才都喜欢合伙做事，因为合伙做事可以打破人才壁垒，从而使企业价值最大化。学会合作，积极地团结优秀人才，不仅能成就个人，更是团队整体利益最大化的需要。

有效取长补短

金无足赤，人无完人，每个人都不是全能冠军，我们需要优秀的合伙人来弥补自身的短板，这样一点点将团队的"短板"全部修补起来；修补得越严丝合缝，团队的劣势就会越少，发展越有动力。合伙就是要有效地取长补短，从而完成一个人无法完成的事情。

实现风险共担

创业和经营企业的过程中风险就如洪水猛兽，一个人来抵御风险可谓势单力薄，成功的可能性就会降低；如果合伙抱团，大家手挽手力挽狂澜，依靠集体的力量，成功的几率就会大大增加。

如今的诸多"草根"创业者也意识到了自身力量的局限性，开始选择合伙创业的模式开创事业。

王某大学毕业，工作三年有了十万元的积蓄，也有了一定的人脉，他想创办自己的创意公司，但显然有限的资金、有限的资源让他无法施展拳脚。一次偶然的机会，王某遇到了同学张某，和他聊起了自己的想法，没想到张某也是同感，听到王某这样一说，张某果断辞掉工作，拿出自己仅有的7万元存款准备和王某合伙创业。但是这区区17万元资金仍然只是九牛一毛，怎么办呢？

二人想到了同学赵某。赵某在市中心有一处房产，正好可以作为办公地点，王某和张某赶快找到了赵某，将创业的想法详细与之说了一番，没想到赵某爽快地答应了。

就这样，三人合伙创办了一家创意公司，并签署了协议：王某出资10万元，张某出资7万元，赵某提供办公场地，折合人民币5万，三人按照出资的多少占有相应的公司股份。

三人各有优势和特长，据此进行了明确的分工：王某业务能力很强，就负责公司业务；张某细心沉稳，负责公司的日常管理；赵某技术能力过硬，于是负责创意设计和实施；三个老同学拧成一股绳，把公司经营地风生水起。

王某有创业的想法，力不从心，于是想到了与张某合伙，随即又想到与赵某合伙，终使创业公司顺利运营，可见，当你感到创业资金有限、精力有限时，完全可以通过寻找优秀的人才合伙来实现共同创业。

俗话说："一个篱笆三个桩，一个好汉三个帮。"个人的力量总是有限的，一个人搞不定所有的事情，成大事者必须学会借力，善于与人合作，集中优势资源，共担风险。

集思广益，众人拾柴火焰高

合伙还有一个好处：集思广益，智慧众筹。

在传统雇佣制度下，决策权和发言权往往被公司股东攥着，特别是董事长一般就是权力的中心。但一个人的力量是有限的，一个人的智慧也是有限的，一个人思考问题难免不周，做出的决策也难免欠妥，这样的决策可能会向员工传递错误的信号，从而影响企业的发展。

在雇佣制下，即便是决策层可以找其他管理者商议决策，也未必能达到真正的效果，因为管理者也是公司的雇员，他们拿公司有限的工资，同样会存在普通员工的"推脱责任、逃避风险"的行为和心理，因此，对于决策层的态度也会是"领导说的都是对的，领导提议坚决支持"，通常只会顺着领导的思路走，不能提出真正对企业有帮助的建议。事实上，决策层做出的决策仍然只是代表了其个人的想法和意见，管理层和普通员工的想法并未得到体现。

但是在合伙制企业中情况就完全不同。企业的合伙人都是公司的主人，公司效益的好坏直接关乎自身的利益，因此，合伙人都有权力发表自己的看法，只要是自认为对企业发展有帮助的，都可以提出来和大家议一议；哪怕自己的提议有失偏颇，只要拿到桌面上与大家一起分析、一起讨论，互相取长补短，就能最终得出真正对企业发展有所帮助的决策，正所谓"众人拾柴火焰高"！

那么，如何以合伙制的思维来管理企业？

鼓励合伙人大胆说出自己的想法

合伙人能够提出自己的意见和建议，是对企业的关心。合伙人真实意见的表达，能对企业的发展献计献策，成为企业发展的不竭动力，因此，企业管理者要鼓励合伙人多分享、多表达自己的意见和建议。对于性格内向、不愿当众表达自己建议的合伙人，管理者可以建议其通过网络交流工具和书面文件的形式表达自己的观点。

为广大员工广开言路

在某种程度上来说，员工也是企业的合伙人，而且员工深处企业经营发展的一线阵地，最了解企业的情况，员工的建议也最能反映企业的真实情况，管理者必须重视。然而有一些企业员工反映的问题根本无法上传到公司的最高层，他们提出的意见往往走到某个管理层面就凭空消失了。

面对这种情况，管理者要想很好地听取员工的意见，就要为员工开设顺畅的发言通道，如QQ、微信、专线电话等。通用电器的管理大师杰克·韦尔奇就有一部专门听取销售员反映市场情况的电话，无论他有多忙，只要这部电话响起，他都会专心接听，仔细询问情况并听取销售人员的意见。

尊重员工的意见

要想让合伙人及员工鼓起勇气说出自己的真实想法，管理者就要学会尊重员工，能够认真倾听，当合伙人及员工感觉到尊重与信任、感觉到管理者重视他们的意见的时候，他们才愿意掏心掏肺、知无不言；如果员工在发表意见时，管理者表现出一幅心不在焉、冷嘲热讽的样子，员工的自尊心就会深受打击，他们也就不愿再真诚相待了。

Internet问世之初并未得到微软高层的认可和重视，他们认为这是一个不挣钱的项目，在这样一个项目上花费大量的精力太不值得了。但是微软的几位技术人员坚持Internet的巨大价值和潜力，并不断向微软高层提出可行性的意见和建议，让微软管理层看到这项技术的未来前景。比尔·盖茨在听到技术人员的建议之后，十分兴奋，他决定采纳技术人员的建议，并加大力度支持Internet的研发。结果证明，技术人员的建议是对的，Internet项目为微软创造了巨大的财富和市场。

管理者高高在上，未必有普通员工的清晰思路和敏锐目光，有时候员工的意见可以帮助管理者做出英明的决策，因此，对企业来说，合伙人和员工的意见是一笔宝贵的财富，尊重员工、尊重合伙人，让他们感受到公司对他们的意见的重视，从而共话企业的发展前景。正是因为比尔·盖茨接受了技术人员的建议，支持了internet这个项目，让技术人员得到尊重和认可，才使得该项目为微软创造了巨额的财富。

俗话说，三个臭皮匠，赛过诸葛亮，个人的智慧与众人的智慧就像一棵大树与一片森林，"独木难成林"。集众人之所长，充分利用他人的智慧，方可为事业的成功铺就宽广大道。

戴尔公司以100美元起家，这样的境况对于创始人迈克尔来说简直太艰难了，他必须快速凝聚订单和资本来维持公司的正常运转。

这时候迈克尔遇到了正在遭遇"经济危机"的金融家沃克，迈克尔大胆地聘请沃克为总经理，开始了新的合作策略。沃克上任后，充分发挥自己的专长，利用他在德克萨斯州商业银行的朋友关系，很快就为戴尔申请到了银行贷款，解决了戴尔的融资问题。

之后，戴尔在纳斯达克公开上市，筹得3000万美元资金，此时的戴尔已经是市值8个多亿的大企业了。

在迈克尔与沃克的合伙中，迈克尔成功地让戴尔走上了强大之路；而沃克也顺利扭转了他的经济困局；二人集思广益、各施所长，实现了这次成功的合作，实现了合作双方的共赢。

每个人的思维和智慧都有一定的局限性，合伙恰恰是弥补这种局限性的良方，所以，不要排斥任何有用合伙人，要用双赢合作的心态去看待所有人。

扁平化时代：人人都是CEO

在移动互联网大潮的冲击之下，市场环境瞬息万变，为适应这个唯快不破的时代，扁平化管理开始逐步取代传统的金字塔式层级管理结构。

为什么扁平化管理成了时代的新宠？因为扁平化管理有效地解决了传统企业管理层级结构多、冗员多、组织运转效率低下的问题，有效激发了员工工作的积极性和创新性。在扁平化管理中，权力和责任得到了更好的分配，人人都是CEO，人人都对企业的未来有着重要的影响。

万科总裁郁亮曾经举了个很形象的例子：一位主管插着裤兜悠然地监督三位清洁工的工作，他有可能拿着比这三位清洁工工资加在一起更高的工资，他的工作仅仅是监督清洁工的工作；而在这位主管之上，可能每三位主管就有一名经理在监督他们的工作。

这就是传统的金字塔式公司管理架构。从上述结构中我们不难看出金字塔式管理架构的弊端：层级臃肿、壁垒森严，如果是在扁平化组织管理架构中，上述情况就会变成这样：

三位清洁工很认真地按照公司的要求在打扫卫生，公司的卫生设备坏了，直接按照有关流程向总经理汇报申请购买；他们可以向总经理提出改善公司环境的建议；他们可以直接快速地与总经理取得联系，用最短的时间解决了公司的卫生间改造问题……

由此可见，扁平化管理让复杂的中间过程简单化了，提高了信息传输与互动的效率，节约了企业的时间成本，同时，员工对企业的一些事物具有相应的处理的权利，让员工有了存在感与成就感，工作的热情定会高涨。

在互联网时代，扁平化管理可谓千好万好，美国通用电气公司是最早将"扁平化管理"思想付诸实践的企业。

1981年，韦尔奇就任通用公司首席执行官时，通用电气公司的管理层数目多达24~26层。韦尔奇上任后，顶住压力，通过采取"无边界行动""零管理层"等管理措施，使公司管理层级数锐减至5~6层，让通用电气彻底告别了常存企业20年的庞大管理系统。通过扁平化管理改革，通用电气不但节省了大笔开支，更极大地提高了管理效率，可谓一举两得。

人们通过通用电气的巨变看到了扁平化管理的神奇效果之后，纷纷效仿通用的改革，开始引入扁平化管理，小米的研发层级结构就是扁平化管理的典型代表。

小米雷军曾说：在互联网时代，企业要由内而外地转型，要先把产品结构和组织结构梳理好，就是要让组织结构扁平化、再扁平化，这决定了企业运转的效率。

雷军在经营企业的时候坚持了这一管理模式，小米的研发层级结构基本上就分为三级：基层员工、核心主管、技术骨干，其中，技术骨干也是小米的合伙人。你会清晰地发现，小米的研发部门没有官职、没有头衔、没有经理、没有副经理。在这个部门中，除几个创始人之外，其他人都是工程师，因此地位上是平等的，他们之间不存在职位的竞争，他们作为企业的合伙人，为了个人的利益，人人都会一心扑在工作上。

从小米的总办公布局也可以看出，小米的组织结构包括：产品、营销、硬件、电商，每个层面都有一个核心合伙人把关。小米的8个合伙人也是明确分工：董事长兼CEO——雷军，总裁——林斌，营销负责人——黎万，硬件负责人——周光平，工业设计和供应链负责人——刘德，米聊产品负责人——黄江吉，MIUI负责人——洪锋，小米盒子和多看负责人——王川，他们各司其职，互不干涉，专心做事，做到极致，让小米的扁平化管理有条不紊地进行着，也让扁平化管理真正在小米发挥了效力。

小米的扁平化管理让企业的员工找到了满满的存在感，人人都是企业的CEO，人人都会为企业的发展尽职尽责，企业的发展速度自然是快步如飞。

如今，合伙思维+扁平化管理已经尽显了强大的威力，但企业在借鉴这种模式的时候要细分好权力和责任，避免盲目引入而手忙脚乱、适得其反。

众筹时代：股东多了好办事

进入众筹时代，越来越多的公司选择了股份制的合作方式，股东也就成了企业的关键人物。

股东就是股份制公司的出资人或投资人，是持有公司股份的人；股东可以是一个公司、一个非营利性法人等机构和组织，也可以是独立的自然人。那么，为什么公司需要股东呢？股东对公司的发展有哪些重要作用呢？

增加公司资本金

股东就是创办公司或经营公司的出资人，股东的加入必然带来资本的注入，公司的资本金就会增加，从而为公司增加资本实力。股东的出资形式可以是现金出资；可以是实物出资，如厂房、机械设备等；也可以是知识产权出资，包括工业产权出资和著作权出资；还可以是土地使用权出资。

使公司形成民主决策

在股份制公司，公司的最高决策权为股东大会所有。股东都重视公司发展及最终分得的个人利益，因此公司的重大决策都不能由一个股东或者几个股东决定，必须要经过股东大会的民主表决来做出最终的决策，因此，在股份制公司，个人主义是行不通的，这就让公司决策更加民主化。

吸引人才的加盟

股份制公司好的股权结构和机制也是吸引人才的重要一面——这正是

迎合了人才不愿为老板打工的心理。股份制可以让人才顺理成章地成为企业的主人，同时，股份制公司股东的强大实力也是人才梦寐以求的归宿。

优化公司的经营管理

股东利益与公司利益息息相关，且众多股东本身就相当于强大的智囊团，他们会为公司的经营管理献计献策，为不断优化公司的经营管理提供合理化建议。

股东多了，公司博弈的筹码也就多了，同时公司的人力资源被盘活，能有效带动公司的发展。

某公司已经成立10多年了，之前一直是传统的雇佣制管理，老板一人独大，一切都是老板说了算。

随着公司的发展，公司的事务越来越多，老板开始力不从心了，甚至在情急之下还会做出一些错误的决策；员工越来越多，但老板一个人也管不过来。后来，老板见一个朋友的公司做得风生水起，规模也超过了自己的公司，便去向朋友讨教经验。他的朋友听完老板的一番诉苦，向他支了一招：进行股份制改革。

老板回去之后就着手准备，终于，它为公司设计的股份制改革方案出台了。员工们一看乐开了花，因为他们可以通过一定的方式和实力拿到公司相应的股份。如今企业不再是老板个人所有，一些员工也成了企业的股东，就算为了自己的利益也会全力以赴为公司着想的。该公司的股权机制还吸引了大量的外来人才，上门谈合伙、寻求合作的人络绎不绝。而且，公司管理也日益规范有序，开始大步向前发展。

股份制对公司的发展大有好处，优秀的股东多了更有利于公司的发展。只要股东们团结一心、众志成城，公司的未来就会一片光明。

内部创业：人人都是创业者，团队才有战斗力

创业并非要脱离供职的企业，单独成立公司，单独进行经营。如今在条件允许的情况下，一些企业扶持员工可以进行内部创业，如Google、360、华为等知名企业都在提倡内部创业。

Goole在旧金山建立了一个名为"Area 120"的创业孵化器，目的就是留住那些有创意和实干精神的员工，并孵化出像Google前员工凯文·希斯特罗姆提出的instagram一样的项目。

Area 120源于著名的20%的自由时间理论，正好与Google鼓励员工研究自己感兴趣项目的理念不谋而合，旨在激励Google员工可全职投入研发这个项目，如果研发成功则有机会得到Google的注资并建立新公司。

Google很重视内部创业，因为Google清楚地知道内部创业是既造福员工又造福企业的好事，扶持员工内部创业不是为企业自身在培养竞争对手，而是将内部创业企业作为原企业的子公司项目运作。

内部创业的确是一件鼓舞人心的事情，且在有条件的情况下企业也会

鼎力支持，于是员工、于企业是双赢的事。不但激发了员工的创业欲望，也激发了企业的活力，让员工和企业实现双赢。

激发创业者的责任

内部创业就是将企业内部的一些项目、资源或者一个小的经营单位拿出来给某个或某些有能力的员工独立动作，因此，在内部创业模式中，人人都可以是创业者，需要有创业者的责任和担当。

有利于激发员工的激情和创意

如今很多公司员工越来越不愿意给别人打工，都愿意自己拼一拼、闯一闯，内部创业恰恰满足了公司员工的创业心理。同时，内部创业帮助有创业意向的员工解决了诸多资源和创意问题，他们不必绞尽脑汁地去寻找创意和项目。相对于独立创业，内部创业要简单得多，如此好的创业机遇自然让员工为之振奋，也会更愿意发挥自己的聪明才智将公司打理好。

公司也是赢家

内部创业并不是完全脱离原公司而独立运作的，也不像两个独立创业的公司一样存在竞争关系，就像Area 120运作从属于Google一样，内部创业公司不但不会与原公司竞争，反而有利于经营方式的扩展和市场领域的扩大，降低企业运营成本；同时内部创业让员工都看到了创业不再是梦想，对员工的激励作用比任何激励方式都有作用，因此，这是双赢的买卖。

2015年9月，美的集团与浙江大学联合创立了美创平台，美的集团十分重视这个平台的发展，投资数额高达十多万元，并希望通过向平台提供创新创意库、优质供应商、顶级科研机构以及众多孵化器资源来吸引优秀人才加盟，来打造一个面向全球大众的创业孵化平台。

该平台一创立就极大地激发了员工的内部创业热情，仅用一年时间，该创业平台已经孵化出10多个内部创业项目,且创业领域也突破了家电产品,向机器人和健康等领域延伸。

现在,在美的创新中心每个月都会举行项目评审路演会,公司内部的好点子或项目一旦通过评审就有获得投资的机会,通过这样的方式,创业者就从美的的员工变成了美的的合伙人。

内部创业之所以会成功,关键是这是一种共赢的创业模式:通过内部创业,实现员工的创业梦想,进而给团队以激励,团队才会更有战斗力。

案例：雷军靠合伙思维聚集人才

小米的经营之道为很多人所称赞，原因就是小米的合伙制深得人心。可以说，小米董事长兼CEO雷军也是一个管理奇才，他将合伙思维运用得炉火纯青，为小米聚拢了大量的人才。

靠合伙思维招募合伙人

雷军非常注重合伙人和员工的选拔，在这方面从来不吝惜时间和金钱，雷军对人才的执着常能深深感动合伙人。在许多人看来，找合伙人是一件很难的事情，但在雷军看来，只要肯下功夫肯花时间，寻找合伙人也不是那么难。为了找一个硬件工程师，雷军用Excel表格列出了长长的一串名单，打了90多个电话，千挑万选才谈妥硬件工程师合伙人。

当然硬件工程师选择了小米不仅仅是因为雷军选人才的执着，更因为雷军的一句话："我比你会挣钱；不如我们俩分工，你就负责产品，我来负责挣钱。"分工合作就是合伙思维的基本特征，显然雷军没有把这位人才当作员工，而是把他当作合伙人。

不仅雷军对待技术人员如此，对于公司的管理层也是如此——他找的不是员工，而是可以共担风雨、共进共退的合伙人，让每个人都感受到在小米的荣誉感、成就感和使命感。

靠合伙思维留住优秀员工

雷军不仅对待技术人员和管理层如此，即便是普通的员工也有同甘共苦的。从2010年公司创立开始，雷军就明确表示，小米愿意和员工一起分享利益，小米实行全员持股和全员投资计划；最初的50多位员工共投资1100万美元，有的员工为了能在小米投资入股，不惜卖掉了自己的嫁妆。

小米股权激励的门槛并不高：在小米工作满半年的客服，只要工作表现优秀，就可以获得一定的股权；员工有了股权，也就成了小米的合伙人。较大力度的员工持股机制改变了领导高高在上的传统模式，加强了员工的主人翁意识，员工也能充分体验公司的发展成果，并从中实实在在得到了利益。

让合伙人感到在小米很"爽"

雷军没有把任何人当作员工，他说团队的激励就是一个"爽"字。小米没有生硬的条条框框，企业管理者也没有摆架子，而是能够放低姿态与员工打成一片。管理者能够放低姿态，听听员工究竟想怎样工作、到底想怎么爽，然后按照员工的心理让员工拥有成就感与参与感。让员工爽，他们就会燃烧。在雷军看来，人都是讲感情的，让员工爽了，他们也会感恩企业，从而也会用真诚的付出来回报企业。

一些企业的管理层却放不开手脚，觉得花钱请员工就是来工作的。工作时间就得兢兢业业，严格遵守公司的规定。这样的公司缺乏人情味，会让员工产生抵触情绪，进而消极怠工。老板不能放开手脚，员工就不会给出对等回报。而雷军始终认为人比制度重要，要让员工发自内心地热爱工作才行。

透明的合伙制度

雷军是一个心肠很平和、很开放的人,从合伙人到核心员工,雷军都给足了利益上的保证、名誉上的授权和尊重。有人才加入小米,雷军都会在第一时间把小米的情况摆在桌面上,让人明明白白。

小米的员工总是斗志满满,小米并不要求员工上下班要打卡,即便是这样,小米员工的工作时间普遍是"朝十晚十"。晚上九点以后办公楼时常是灯火辉煌。

在这样的工作激情之下,小米的发展太快了,任何一个环节落后了都会被贴上"瓶颈"的标签,这是小米员工所不能容忍的,为了不让自己的部门成为企业的"瓶颈",小米员工总会保持高效的战斗力投入工作。

如今小米已经发展成为一家员工近万人的大型公司,通过合伙思维,实现了合伙人之间的互相制衡,人尽其用。并且雷军的合伙思维和小米的合伙制也吸引了不少外来人才——小米的机制很人性化也很有挑战性。

雷总的目的已经达到了,合伙思维已经充分起到了聚集人才的作用;人才正是小米快速发展的根本,因此,雷军的合伙思维势必还会通过不断优化来发挥更大的作用。我们需要学习雷军那种豁达、开放的心胸以及愿意与合伙人哪怕是普通员工利益共享的精神。

第三章

欲找合伙人，
先修炼自身的内功

当你在选择别人做合伙人的时候，别人也在对你进行考量，如果自身的内功不够硬，可能就会让自己丧失主动权和选择权。因此，在寻找合伙人之前，需要先审视自己的优点和缺点，扬长补短，先将自身的情况锻造优化，为吸引优秀的合伙人增加筹码。

把合伙人当作"爱人"来寻找

创业之初,找到优秀的、合适的合伙人非常重要。找合伙人就像找爱人一样,而合伙经营企业就像一次婚姻的旅程,顺畅的、成功的商业合作是充满信任与友谊的,收获的除了财富还有感情;而失败的商业合作则会给合伙双方带来惨重的损失和痛苦,同时也会让双方的信任和感情尽失。

俞昊然被身边的人称为"科技神童",他成功写出了泡面吧的原始代码,并与好友王冲和严霁玥共同创立众学致一网络科技(北京)有限责任公司。俞昊然全面负责技术,王冲负责融资,严霁玥负责公司的运营,三人便是公司的核心团队,三人的股份份额分别为:王冲65%,俞昊然25%,严霁玥10%。

经过三人的努力,泡面吧的发展十分迅速,公司创办不足3年,用户已经超过2400万,且日益暴增,泡面吧的A轮融资就收到了多家投资机构的风险投资协议书,此时公司的估值已经接近1亿元人民币。

俞昊然在美国留学读书,同时编写泡面吧代码,他对王冲很是信任,随着王冲在国内活动的日益频繁,他开始以公司创始人的形象出现在各媒体平台上。渐渐地，俞昊然感觉自己的地位受到了威胁，并且俞昊然发现在合伙人协议中，自己的简历被放在了后面，而王冲的简历则放在了他的简历之前，俞昊然感觉自己的"老大"地位正在被侵犯。

终于三人因为股权比例和谁是"老大"的问题进行了激烈的争执，俞昊然对其他两位合伙人宣布他删掉了泡面吧的网站代码，自己保存了副本；并写了给全体员工和投资人的信，向其他合伙人开出了谈判条件，但是谈判未果。王冲和严霁玥离开泡面吧，同时泡面吧的A轮融资以失败结束。

显然，俞昊然没有选对合伙人，同时他的合伙制度存在很大的漏洞，才导致"桃园结义"最终却"反目成仇"的悲剧。找合伙人就像找爱人一样，不是凑合过日子，凑合的结果就是越过矛盾越多，越过痛苦越多，甚至最终分道扬镳。那么，找合伙人需要注意些什么呢？

摆正合伙的心态

要明确，你找的是合伙人，不是员工。要放低自己的姿态，不能颐指气使、理所当然地和目标合伙人进行谈判。你要做的是先与之建立信任，让对方看到与你合作的美好前景以及自身的利益，尊重对方、信任对方、坦诚相待才能得到对方的认可。

求同存异的气度

所谓"君子和而不同，小人同而不和。"在选择商业合伙人时同样如此，人与人之间都会有着共性和差异，没有人能和你的一切完全一致，因此，寻找合伙人时要有求同存异的气度；要追求的是价值观和目标的一致，同时还要了解目标合伙人与自己的不同之处；优势互补更能增加创业成功的可能性。

要学会推销自己

找合伙人的过程就是推销自己的过程，单纯地把自己的创业计划说出来未必能打动对方，你同样需要向对方推销自己、推销自己的创意，不妨向对方展示一些自己的成就、自身的光环，展示自己与名人及权威人士的关系，以此来增加自己的身价，进而吸引目标合伙人加盟。

能够驾驭比自己有才的人

寻找合伙人时，难免会遇到比自己更有才的人，面对这样的人才，可谓是又爱又怕；爱是因为他的才华出众，怕是害怕驾驭不了他；如果人才觉得自己才华横溢而放荡不羁、为所欲为，任凭你对这样的人爱得再深，也不要让其成为你的合伙人，能够驾驭的人才才是最佳的合伙人选。

综合以上几点，找合伙人时一定要有明确的合伙人标准，摆正自己的心态，同时还要会推销自己。

行动之前先塑造自己的形象

寻找合伙人并不是一厢情愿，你想选择优秀的合伙人，合伙人也会对你进行综合考量，要想让优秀的合伙人看得上你，先要塑造自己的形象；只有让自己的形象满足优秀合伙人的"胃口"，才能与之顺利合伙，并在共同创业、经营之路上平稳顺利地走下去。

那么，优秀的合伙人主要看重你的哪些方面呢？

好名声是招才利器

作为一个创业者，如果别人一提到你就是对你的满口称赞，不断有人对你竖起大拇指，不仅优秀的合伙人会主动找上门来寻求合作，即便现在不与你合作的人也会向你推荐优秀的人才，李嘉诚就是一位这样的成功企业家。

说起李嘉诚，人们都会羡慕他的财富和身价，但是李嘉诚本人并不重视自己的财富积累究竟有多少，实际上他在企业管理和社会责任方面的成就远远大于他拥有的财富。

李嘉诚聪明睿智、敢想敢干、想法独到，创造了巨大的商业帝国后不忘成功后的社会责任，捐资办学、救灾济贫，……对于需要帮助的人他总能够慷慨解囊，是一位地地道道的爱国慈善家，他的很多善举让人钦佩、感动。同时他还是一位成功的父亲，在他的熏陶之下，两个孩子早早便养成了独立的习惯，而且都成了出类拔萃的人才。

在世人眼里，李嘉诚是一个真诚的、可信任的、有目标有决心的、懂得宽容的企业家，他总是能够像对待朋友一样对待自己的合作伙伴，不斤斤计较利益的得失，有宽广的胸怀和"吃亏"精神；与他相处，感觉不到拘谨和压抑，所以周围的人都喜欢与之相处，也在商界赢得了很好的名声。马云后来曾感叹："这就是'大哥'之所以成为'大哥'的原因，这是他的软实力——他让每个人都舒服。"

有好的名声再来招募合伙人自然不是难事，正是因为李嘉诚的好名声，很多人愿意追随他，然而，想要有好名声并不那么容易。在工作和生活中，你要让别人认可就要注意自己的言谈举止，谦虚谨慎、乐于助人、和蔼可亲；除此之外，还要注意以下方面：

为人处世诚信为本

为人处世的诚信原则是获取他人信任的基础，只有诚信待人，别人才能诚信待你。诚信在合伙制中更显重要，如果在创业、经营中你的企业曾经有过不诚信的行为，就会给客户和合作伙伴留下不诚信的印象，这对招募合伙人是极为不利的，因此，创业、经营者在日常的一言一行中都以诚信为信条。

打造好项目吸引合伙人

好的项目和好的前景才是吸引优秀合伙人的根本，让优秀人才看到与你合伙的光明前途，才能吸引他们与你合伙，为共同的事业出钱出力。

修炼合作双赢的度量

俗话说"将军额上能跑马，宰相肚里能撑船"，一个人的胸怀有多大，他的道路就有多宽，前途就有多广。要能容得下别人的才华和过人之处；要能善待下属、豁达宽容、乐意分享、懂得双赢；有如此的度量，才能深深吸引优秀的合伙人。

历史上，左宗棠是一位赫赫有名的人物，但他却差点被自己的"小心眼"毁了前程，而带他回到正途的恰恰是有度量的曾国藩，这是怎么一回事呢？

左宗棠是由曾国藩举荐为官的，但是他却一直瞧不起曾国藩，经常挑衅、攻击、中伤曾国藩；但是，曾国藩并没有反击，而是一直保持沉默，并让自己的亲友和下属都与左宗棠交好，曾国藩忍气吞声的目的就是不让矛盾更尖锐。

后来左宗棠带兵西征，他心想我与曾国藩这般交情，他作为两江总督定是不会为我提供军粮了，然而，曾国藩不仅及时、足额地为其提供了军粮，还将自己最得力的部将派给左宗棠协助其西征。

曾国藩的宽容大度感动了左宗棠，二人终于和好了，在后世"晚清中兴名臣"排名中，曾国藩和左宗棠并列入选。

曾国藩的大度量成就了二人的一段佳话，回归到招募合伙人的问题上也同样如此。如果你没有大度量，没有宽广的胸怀，容不下能力超群的能人，容不下他人独特的观点和思想，也容不下他人为人处世的风格，你就会与优秀的合伙人失之交臂。所以，找合伙人必须有胸怀、有气度，这样才能找到优秀的合伙人。

"不打无准备之仗"，要想找到真正适合的合伙人，首先要修炼自己的内功，让自己的形象足够高大，让他人充分认可你、欣赏你。

谈判之前先清楚自己的底线

人们在为人处世的时候都有一定的底线，找合伙人同样如此。在与目标合伙人进行谈判之前，首先你要清楚自己的底线。

在开始行动之前，必须清楚找合伙人不是"随便""凑合""说得过去"就行，如果带着这样的态度去找合伙人随便找个人来凑合，那么这样的合伙人对企业没有任何价值，甚至会成为企业的害群之马。

某公司刚刚创立不久有限的资源就限制了事业的发展，为了加快企业的发展速度，公司决定寻找合伙人来合作共赢，然而，将近一年了，还是没有人愿意投资合伙。眼看公司的境况每况愈下，领导者也非常着急。

就在这时，终于有一家企业愿意出资100万元与之合伙，该公司的领导为了解燃眉之急，没慎重考虑就与投资方签了合同。他们以为这下公司终于有救了，可谁知合同签订之后，对方似乎有意拖延这100万投资，公司迟迟未能拿到投资款。

由于资金的匮乏，该公司在产品开发和销售的各环节上严重滞后于竞争对手，不仅在市场上失了先机、丢了信誉，更是让公司颜面扫地，无法再经营下去，最终宣告破产。

该公司就是因为感情用事，没有对投资方的背景和相关情况进行深入考察，不清楚自己的底线在哪里，所以才找错了合伙人吃了亏。所以说，找合伙人不能感情用事，要清楚自己的底线，超出底线宁缺毋滥。找合伙人时要做到以下几点：

找合伙人是一件严肃的事

在找合伙人时，首先千万要避免上述案例公司的失误，不要因为资源紧缺就草率行事。找合伙人是一件严肃的事，有原则、有底线，不能随便凑合，贪图一时的利益而勉强凑合未必能够长久，后续招致的麻烦和付出的代价也许会远超短暂合作的价值。

清楚自己企业的情况

俗话说，知己知彼，百战不殆，寻找合伙人也要先做到"知己"，明确自身的优势在哪里、软肋在哪里，这样可以避免资源的重复和浪费，互相取长补短才是最好的局面。

先给合伙人"画像"

在全面弄清楚企业自身的情况之后，就要给合伙人"画像"了，也就是在寻找合伙人之前要根据企业的情况，设定合伙人的底线，对合伙人的综合情况作出预期，明确知道企业需要具有哪些优势的合伙人、需要合伙人为企业带来怎样的价值等。当然，对于合伙人的缺点和劣势也不能忽视，如果合伙人有可能对企业发展造成负面影响，那么这样的合伙人即使是用资源优势诱惑你也要坚决划线。

正确看待合伙人的个性

人都有自己的个性，当然，也有自己的底线，合伙人的人生观、价值观未必与你完全一致，但不要过分苛求对方，尊重人的个性才能更好地与之相处。所以，在寻找合伙人之前就要做好遇到各种各样的人、接纳各种各样的人的准备。

综上所述，在找合伙人之前需要想清楚、想明白，要能准确地给未来合伙人"画像"，同时摆正自己的心态、明确自己的底线，万事俱备后再开始寻找合伙人的旅程。

主动出击找人才

互联网时代的最大特点就是快,对于企业来说,这就意味着坐等客户上门、坐等人才上门的时代已经过去;优秀的合伙人不会在原地等你,如果不主动出击,就会错失很多良机。

在寻找人才方面,我国古代刘备三顾茅庐请诸葛亮那种放下身段、主动出击、真心求才的精神感动了世世代代的人。

东汉末年,三国混战,官渡大战中曹操大败刘备。当时刘备军中有位谋士叫徐庶,曹操为了得此人才就对其谎称其母病重,让徐庶立刻赶到许都,徐庶无奈,离开前告诉刘备自己可能有去无回,但卧龙岗有个奇才叫诸葛亮,得其者可得天下。

第二天,刘备就带了礼品,与张飞和关羽一道去拜访诸葛亮。没想到诸葛亮并不在家,刘备一行只好先回去了。

过了几天,刘备再次备了厚礼,与张飞和关羽一起来到诸葛亮家,看到一个俊朗的青年正在读书。刘备以为这就是诸葛亮,赶忙去行礼,没想到这是诸葛亮的弟弟。无奈,刘备只好留下一封信说明来意,约定改日再来，然后又回了军营。

后来，刘备特地选了个好日子，备了厚礼，又一次去拜访诸葛亮。没想到这一次诸葛亮正在睡觉，刘备就和一行人恭敬地等在门外。终于等到诸葛亮一觉醒来，刘备就开始向其请教平定天下的办法，诸葛亮开始仔细分析天下局势，并为刘备指明了出路。刘备当即就对诸葛亮的才学甚是佩服，并请他相助，诸葛亮被刘备的真诚所感动，终于答应了刘备的请求。

刘备懂得放下身段、主动出击，才赢得了诸葛亮的心，企业招募合伙人也同样如此，只有这样，才不会错失优秀合伙人。

从自己圈子里挖人

有人说，人的行为都有一定的趋向性，想往哪方面发展就会结识哪方面的人，的确如此，当你在某个领域积累了一定的人脉之后就会形成自己这一领域的圈子。这个圈子里的人对于这个领域会更在行、更专业，而且经过一段时间的彼此交往后也会有一定的感情基础，相互了解和信任，所以，找合伙人可以从自己的圈子开始，先从自己的圈子中挖掘合适的合伙人。

找熟人推荐合伙人

一般情况下，大家都喜欢找熟人帮忙，因为关系熟了，彼此之间会有一定的信任，找熟人帮忙一般不会骗你，会真心真意地帮你。而且熟人还有自己的人脉圈子，如此一来，寻找合伙人的圈子就会呈指数级扩大。因此，如果不能在自己的圈子中挖到优秀的合伙人，那么找熟人推荐也不失为一种好的方法，毕竟熟人推荐的合伙人具有一定的可靠性。

爱国者公司曾经有一位副总名叫侯迅，因为一些原因，他从爱国者辞职了，过了几年后决定"东山再起"做互联网项目——也就是现在的口袋购物。可此时的他摸不到头绪，于是就去向小米的老总雷军请教，请他帮忙。雷军除了给他一些建议之外，还给他介绍了几个互联网圈子的人，侯迅就立马展开行动开始与这些人面谈。侯迅有雄厚的经济实力，他此时亟需找一个优秀的合伙人，能与他风雨共担。侯迅是一个幸运的人，他通过雷军的介绍最终找到了心宜的合伙人，并扩大了自己的人脉圈子，认识了诸多互联网领域的人才。

雷军的介绍就是侯迅寻找技术型合伙人的捷径，通过雷军的介绍，侯迅顺利找到了合伙人，由此可见，找熟人介绍合伙人不失为一种有效且高效的寻找合伙人的方法。大家在寻找合伙人时，要充分利用自己的人脉关系。

主动到人才市场去找人

互联网虽然拉近了人与人之间的距离，但也加快了社会发展的节奏，在这样一个时代要想掌握主动权，找到合适的合伙人就要主动出击，与时间赛跑、与竞争对手赛跑。一味地等待和摆架子都会让你错失优秀的人才。

总之，找合伙人不能坐等，要主动出击，主动寻找、主动联系、不厌其烦，将主动权掌握在自己手里，才能真正感动优秀的合伙人。

外面的人才要挖掘，更要看到已有的人才

很多创业者和企业管理者一说到人才，就觉得自己手下人才稀缺；说到如何得到人才，就是高薪招聘；不可否认，随着教育水平的提升和社会的进步，如今的社会可谓卧虎藏龙、人才辈出，企业可以用高薪诱惑吸纳优秀人才。

但这不是唯一的得到人才的途径，其实企业内部也不乏人才，只是由于人才来到企业后缺少培训和培养，或者人不适岗，或者企业缺少慧眼识才的"伯乐"，人才才会被埋没，最终成为管理者眼中的"庸才"。从企业内部挖掘人才有相当多的益处，具体体现在以下几个方面：

内部人才才是企业的"知己"

企业内部的人才对企业的情况已经有一定的了解，可以根据企业的实际情况及时上手一项工作，这是招聘和"空降"所达不到的效果，从这一点上来说，任用内部人才比从外面招聘人才企业承担的风险更低。

激励员工的好方式

从企业内部挑选优秀人才加以晋升和任用，会让企业基层员工看到晋升的渠道和希望，能让普通员工感受到企业的信任、重视和尊重，这对他

们来说是莫大的激励，能让他们充满希望和激情地努力工作，并提升对企业的忠诚度。

同仁法则，同仁效应

某企业家曾经说过："如果你创办的这个公司，在后续的发展中，80%的合伙人不是来自公司内部，那你的公司一定有问题。"之所以这样说，是因为在管理领域还有一个"同仁法则"，就是将员工视为公司的同仁，而不仅仅是雇员。如果你能从公司内部发现优秀的人才，把优秀员工变成公司的合伙人，就能把冰冷的雇佣关系变成温暖的伙伴关系，让员工对企业产生归属感和主人翁意识，进而产生强烈的责任心。此外，从企业内部挖掘人才能改善公司的组织结构，降低企业的运营成本，同时提高企业的运行效率。

现在很多企业都已经认识到发掘员工才能、让员工成为合伙人的重要性，于是采取各种方式来满足优秀员工的存在感、成就感和责任感，比如员工持股就是非常有效的一种内部激励方式。

让员工持有公司的股份，无论是实实在在的上市交易的股票还是虚拟分红股份，员工都会认为自己是企业的股东之一，也能认识到企业的发展与自身的利益休戚相关，他们自然会全力以赴为企业的发展而努力。

可以说中国平安是最早实现员工持股的公司之一，早在20世纪90年代，中国平安就曾推出"员工受益所有权"计划，这个计划主要针对的是公司部门负责人等中层主管和部分资深专业技术骨干。该计划一出便得到了员工的积极参与到2010年。

2014年10月，中国平安又宣布设立核心人员持股计划，针对符合条件的1000名左右的核心人员，鼓励管理层及骨干员工自愿以其薪酬及业绩奖金增持公司股票。中国平安的这一员工持股计划历经两年多的时间，截止到2017年3月29日已完成认购。

中国平安实施员工持股计划的目的是为了更好地激励员工，另外，制定这个计划，建立健全公司长期业绩表现的激励约束机制，调动管理层和核心员工的经营能动性，能刺激公司长期健康发展。中国平安的管理层人士如是说。

中国平安的员工持股计划是深得人心的，让员工看到了更好的前景和未来，同时产生了与中国平安同呼吸共命运的主人翁意识，企业内部涌现出了大批人才，才让企业焕发了更强大的生命力，有了更辉煌的业绩。其他企业在条件允许的情况下同样也可以通过各种方式从企业内部发现人才、任用人才，这对企业来说既节约了成本，又能提升了竞争力和凝聚力。

当然，企业外部的人才也不可忽视。天外有天，人外有人，外部人才不受企业内部环境的局限，他们会有不同的经历和经验，也会从其他途径得到更多的先进的方法和技术，为企业注入新鲜血液，也可以开阔内部人才的眼界、刺激内部人才的积极性。

所以作为企业管理者既要重视外部人才的挖掘，更要擦亮慧眼从企业内部发现人才，从而让企业的活力常在、动力永驻！

案例：李开复："三顾茅庐"去请人

历史上三顾茅庐的故事被人们广为传颂，无独有偶，创新工场董事长兼首席执行官李开复对所有企业老板讲了一句很精辟的话："要'三顾茅庐'去找人。"

李开复在此处引经据典，并不是说要各位企业老板备了厚礼、拉了队伍，三番五次地去请人才出山。而是要放下架子，用真诚、花精力去挖掘优秀的人才。实际上李开复自己就是一个非常"爱才"的人，他在寻找优秀人才上花的心思几乎占用了三分之一的工作时间，肯花时间、花精力去寻找人才，这是李开复能觅得优秀人才的一个重要因素，在招揽人才上李开复还有其他的妙招。

让企业文化更真实可信

说到公司的企业文化，可能很多人都要"不屑一听"了。因为一些公司的企业文化是生硬的、笼统的、遥远的，总是关乎客户利益和公司利益的。这样的企业文化在员工看来就像一纸空文，谁还能当真，因为就算当真了也很难下手去落实。然而，李开复非常欣赏Airbnb的文化："天下为家"。这是一个温暖的、让人愿意去期盼、去为之付出努力的愿景，也正是Airbnb的魅力所在。企业文化就应该像Airbnb的这句"天下为家"一样能感染人、感动人让人觉得真实、可信。

让自身变得更强，但要放下身段

人才才可以吸引人才。你要想吸引人才，首先就要让自己变得更强、变得魅力四射、变得更有吸引力。不要觉得你已经是总裁，你要找的只是区区一个工程师，这样的想法会让人才看到你居高临下的一面。你是总裁又怎样？让人才看到你不断进步、不断趋近完美的一面，这样你才会得到人才的敬重与佩服，才会让人才觉得跟着你有前途。因此，放下身段，与员工融为一体才是你该有的表现。

重视核心员工

核心员工对企业的发展和前途来说至关重要，企业领导与核心员工团结一心更有利于企业的发展。那怎样才能让核心员工不生二心呢？第一，利益要给到位。丰厚的工资奖金抛开不说，股权激励也是非常有效的笼络人心的手段，在核心员工面前，公司的股份就像一条坚韧的绳索一样，将核心员工与企业牢牢地绑在一起。第二，荣誉要给到位。人人都渴望获得荣誉，渴望获得他人的认可与赞赏。企业要秉着公平公正的原则，对核心员工该放权放权，该给的荣誉和奖励就一定要给到位，增强核心员工的存在感和主人翁意识，更有助于让他们保持对企业的责任心。

让一流的人招募一流的人才

一流的人就是自信满满的人，是专业过硬的人，是为人处世、大事小情都能妥善处理、应对自如的人。一流的人也是能够慧眼识人的人，他们懂得把握人才的特质，懂得识别、欣赏人才，所以只有一流的人才能招募到一流的人才。

你想怎样被管理，就怎样去管理员工

领导者要能够设身处地地站在员工的角度去考虑问题，去进行管理。

假如你是一名员工，你希望领导如何做管理，你就怎样去管理自己的员工。作为领导者，要学会对优秀员工进行赞美与授权，赞美有助于让员工获得成就感和满足感，而授权则能让员工大施拳脚，充分发挥个人才能。

以上这些就是李开复"三顾茅庐"的用人之道，下面我们通过一个小故事来看看李开复究竟是如何招募人才的。

1998年，李开复刚刚加入微软的时候就希望把自己的一个技术过硬的同学请到微软一起工作，当时他的这位同学在IBM工作。

李开复第一次找他同学聊这件事的时候就遭到了拒绝，他的同学说："不行，我在IBM，负责'深蓝计划'，研发打败国际象棋冠军的一部机器。"当然，李开复并没有灰心，他在等待。

转眼一年过去了，两个老同学再次见面时李开复再次诚挚邀请老同学加入微软，但还是因为IBM的"深蓝计划"被拒绝了。

又是一年过去了，两位老同学见面又聊起了微软的邀请和IBM的"深蓝计划"。李开复的老同学说，他的"深蓝"程序打败了世界象棋冠军。李开复赞赏而又真诚地说："很不错，你已经打败世界冠军了，要不要来我们这边？"老同学说："不行，公司还有项目。"就这样，李开复又一次失望而归。

新的一年很快又到了，IBM"深蓝计划"的项目结束，团队解散了，李开复心想，这下老同学没理由拒绝了吧，没想到老同学的回答却是："开复，我还没交过女朋友呢！"当时他的这位老同学已经40岁了，李开复开玩笑地邀请老同学来北京，顺便给他介绍女朋友，但还是被决绝了，老同学要去加州找女朋友。

后来李开复在加州再见到老同学时，老同学又一次拒绝了李开复，说

"我正在恋爱中,我想以后再说吧。"

接连数次的拒绝,但李开复还在穷追不舍,终于有一天,老同学告诉他:"我要结婚了,我太太要去北京工作,现在我可以去你那儿了。"至此,李开复终于把这位老同学请到自己这来了。

很多人在招募人才的时候,第一次被拒绝或者第一眼看不上对方就会选择放弃,他们总说:世界之大,人才之多,不差这一个,甚至会觉得李开复的老同学不识抬举,认为李开复不知变通。其实为了这一位优秀员工,三顾茅庐的真诚和穷追不舍都是值得的。

无论是在微软,还是现在的创新工场,李开复都是这样用"三顾茅庐"的真诚与执着在寻找人才,这也是他的事业取得巨大成功的关键之一。

第四章

**选对人，
合伙才有意义**

情场中，找到合适的爱人，生活才会幸福；职场上，找到合适的合伙人，才会让事业顺风顺水；那么，什么样的人才是合适的合伙人？什么样的人需要避而远之？

　　在选择合伙人的时候，我们要把握一定的原则，做好人才的把关，努力选到适合企业发展的合伙人，这样的合伙才有意义。

没有共同目标的人不能选

我们都知道目标对于工作和生活来说至关重要,做事之前要先设立合理的目标。目标就是方向,是指引一个人或一个团队前进的方向。企业的众位合伙人作为企业的核心力量,必须具有一致的目标,这样才能让众合伙人拧成一股绳,朝着同一个方向前进。因此,在为企业选合伙人的时候,一定要明确一点:没有共同目标的人坚决不能选。

为什么合伙人的共同目标如此重要呢?那是因为共同目标合伙成功的关键之一,如果合伙人没有共同目标,合伙经营会出现很多问题。比如:

各怀心思,一盘散沙

如果合伙人之间没有共同的目标,各怀心思,那么合伙人的心就不能往一处想、劲就不能往一处使。即便合伙人再有实力,但他们的力量是分散的,你往东他往西,这样很难将企业带向正确的方向,反而会把企业"撕裂",让企业成为一盘散沙。这样的合伙完全没有凝聚力可言,更不利于企业的发展。

矛盾不断,协调困难

合伙人的目标不同,心中所想也会不同,甚至为了自己的利益和面子而固执己见，不敢坦诚自己的错误。在这种情况下，合伙人之间的各种矛盾就会凸显出来。所谓道不同不相为谋，合伙人之间的观点和利益方面的矛盾是很难协调的，会让企业发展陷入尴尬的境地。

盲目努力，毫无成效

A合伙人觉得企业应该向这个方向发展，于是开始朝这个方向努力；B合伙人看人家在某个细分市场赚了钱，于是拉着企业往这片市场走。但目标不一致，他们的努力就是盲目的，很难取得成效，企业的快速发展更是难上加难。

动力缺失，消极懈怠

如果合伙人的目标不一致，一部分合伙人的想法自然会受到其他合伙人的排挤。长时间处于压抑的氛围中，一些合伙人最初的豪言壮语、激情和信心就会消失殆尽。没有了为企业发展全力以赴的动力，合伙人会变得越来越消极，甚至会产生散伙的想法。

人才流失，发展乏力

当合伙人目标不一致，而自身的意志又得不到实现的时候就会丧失继续合伙的动力，没有合伙动力，散伙就是迟早的事情。散伙意味着人才的流失。没有人才助力，企业的发展就会疲软乏力，这对企业来说是极为不利的。

道理千千万，大家都会讲。但是现实中，仍旧有不少合伙人分道扬镳的案例。这些合伙人在创业之初信心满满，信誓旦旦地承诺要与众人同甘共苦，但是随着时间的推移，矛盾的出现就会把合伙带向散伙的深渊。

2016年3月，小张、小王和小李联合创立了一家少儿培训机构。创业之初，三人的目标就是要摆脱早九晚五、拿死工资的工作状态，通过自己的努力开创自己赚钱的事业。为了让培训机构迎得开门红的好景象，三人可谓是拿出了各自全部的积蓄将培训机构的环境、服务和师资做到最优化。他们的努力获得了一定的成效，短短一年时间就实现了盈利。

三人看到大家的努力有如此的成绩很是开心，但随着企业的发展，他们的内心渐渐变得迷茫——接下来的发展中，是继续通过培训机构的发展来赚钱呢？还是有一点更深层次的追求呢？

小王觉得现在的学生还是很看重成绩，于是他想把培训机构打造成一个短平快的课外辅导机构，以满足学生升学的补习需求和知识的拓展需求。小张认为当今的孩子需要全方面发展，不应该只以考试成绩定论"英雄"，培训机构应该以培养学生的课外兴趣、提升其综合素质为主，满足学生的综合发展需求。小李则认为目前培训机构的科学实验课程不错，可以作为学生探索知识、探索大自然的一个启蒙基地，满足学生的好奇心和求知欲。

三人针对培训机构的未来发展方向和发展目标产生了分歧，也常常为了这个问题争论不休。结果，由于他们之间的矛盾加剧，精力也开始分散，严重影响了现有课程的进展和师资力量的发挥，很多优秀的老师开始对领导团队产生抱怨，并有人辞职。当然，那些为名师而来的学生也受到了影响，渐渐地报名学习的学生越来越少，培训机构开始出现了入不敷出的状态。

三人见状，都深刻地进行了反思，并决定先开展细致的市场调查再决定培训机构的发展方向。最终，他们三人又齐心协力，以调查数据为依据，制订了培训机构发展的统一目标，让培训机构再次走上正轨，迈向事业的巅峰。

案例中，小张、小王和小李三人的迷茫就是因为没能对培训机构的发展目标和方向达成统一意见，进而影响了三个合伙人的关系和培训机构的发展。但是三个人很快又通过科学合理的途径统一了战线，让培训机构再次走入辉煌的殿堂。

可见，合伙人的目标一致对企业发展来说举足轻重，因此，在选择合伙人的时候，没有共同目标的合伙人坚决不能选。

价值观相背离的人不能选

价值观是人对周围事物的认识角度或价值取向，是基于自身的思维和感官而产生的对事物的认识、理解、判断和抉择。因此，价值观是不同于上一小节我们所讲的目标的。在寻找合伙人的时候，除了要求合伙人的目标与企业目标相一致，还要求合伙人的价值观与企业经营观，乃至企业领导人的价值观存在一定的一致性。

人是独立的个体，每个人的思想和对事物的认识、判断都是不同的，也不存在两个价值观完全一样的人。因此，在寻找合伙人的时候，不要苛求目标合伙人与自己的价值观完全一致，要有求同存异的胸怀和气度，但是价值观与自己完全背离的人绝不能选为合伙人。

西少爷的创始人曾经是三位"码农"——宋鑫、孟兵、罗高景。在创立西少爷肉夹馍之前，三人曾创立了奇点兄弟计算机科技公司。公司创立以后，经营并不那么顺利，需要借助外包服务维持运营。

2013年冬天，宋鑫学习了西安肉夹馍手艺，并于2014年4月在北京五道口开了第一家肉夹馍店，在各种力量的支持下，三位"码农"的肉夹馍店一炮打红。这时候，风投的追捧、生意的火爆让三位"码农"卖馍的身份更加亮眼，然而，就在这时候三人的价值观产生了明显的分歧：一是在股权分配上的分歧，二是在发展战略上的分歧。三人在这两个问题上意见始终未能达成一致。

三人意见和价值观的分歧导致他们之间争吵不断、矛盾加深。宋鑫首先被踢出局。在西少爷刚刚被估值2000万元的时候，三人就因为这个"天文数字"的利益而开始走上了勾心斗角之路。除了欲望的驱使之外，三人的价值观根本就是背道而驰的，又怎能让他们志同道合、齐心协力地一起走下去。最终西少爷还是昙花一现般散去了光芒。

我们细细来看西少爷各位合伙人，他们各怀心思，根本没有大同的价值观和战略眼光，这才是他们这个创业团队分崩离析的根本；西少爷的惨痛教训告诉我们，价值观相背离的合伙人也不能选。

价值观不同，对事物的判断结果也就不同

人与人之间的价值观不同，其看待事物的角度和方式也不同，从而会对事物的发展产生不同的判断。合伙人的价值观相悖，那么对事物的判断也会相去甚远，这不仅会影响企业发展的决策，甚至会让企业的发展偏离方向。

价值观不同，很难风雨同舟

合伙人的价值观不同，分歧与矛盾就会不断出现。在不同的价值观驱使下，合伙人很可能为了自己的利益而不顾他人利益和企业利益，从而让其他合伙人产生不公平感，与其他合伙人产生矛盾与冲突，这时候，利益遭受损失的合伙人就不愿再和企业风雨同舟。

价值观不同容易引发信任危机

合伙人的价值观不同，常常会引发争论，让合伙人之间互相猜疑、失去信任，如果不能及时解决这一问题，就可能会引发合伙人之间的信任危机，这对企业的发展是非常不利的。

价值观不同，会让企业四分五裂

价值观不同，也会让众合伙人形成"帮派"，甚至产生严重的内斗。各位持不同观点的合伙人为了证实己方的观点，赢得在企业中的地位，甚至可能会不择手段在企业内部寻找自己的支持者，更有甚者不惜通过卑劣手段重伤其他合伙人，这些恶劣的行为都会让企业伤痕累累、四分五裂。

合伙人不具有大同的价值观就会对企业凝聚力形成巨大威胁，也会成为企业快速发展的拦路虎，所以，在寻找和合伙人的时候，首先要花点时间和心思多了解目标合伙人对待困难与失败的态度、对待金钱和财富的态度、对待责任和和义务的态度等，从而找到价值观统一的合伙人。

没有忠诚感和坚定意志的人不能选

忠诚与坚定是合伙人的重要品质。能够深得别人信任的合伙人多是对企业忠诚、对合伙人坦诚的人，这样的人的创业信念定坚定不移，他们面对困难的时候不会轻言放弃，更不会为了自己的利益而做出损害企业利益和其他合伙人利益的事情。

忠诚坚定的合伙人总是能与众人心往一处想、劲往一处使，无论遇到怎样的境况，他们都能相互包容、发挥优势，以企业的发展为先，为企业的前途保驾护航。

相反，对企业不忠诚、信念意志不坚定的合伙人就不会站在企业发展的高度考虑问题，而更多的是照顾自己的利益和感受。这样的人或许会假公济私、徇私舞弊、摇摆不定，从而做出伤害企业利益的事情。

王某和李某是一对情投意合的好兄弟，大学毕业后，二人便合计着合伙做点生意。王某虽然面向较凶，但性格温和，为人处世的能力很强，而且有一定的资金实力。李某虽然看上去温文尔雅，却工于心计。

一天，李某告诉王某说有一个好项目想和王某一起干。王某听完便欣然答应了。当然,王某出的钱多,占到了启动资金的80%,自然是这个项目最大的股东。

　　创业的路是艰难的,更是充满荆棘与坎坷的,但王某和李某从未言弃,而是越挫越勇,让企业发展顺风顺水。王某和李某成了众人眼中的同甘共苦的好兄弟。

　　但随着企业的生意越来越好、盈利越来越多,王某和李某的矛盾也越来越多,比如产品研发和人事调动原本是李某妻子负责的领域,王某都要过来插手。不久,王某请了自己的财物人员,这明显是对李某的不信任和孤立。

　　实际上,王某是在暗中招兵买马,想成立自己的公司。终于有一天,王某按捺不住内心的煎熬,向李某摊牌了:"咱俩虽然是兄弟情义,但是一山不容二虎,我要自己拉队伍单干了。"没过多久,王某就带领公司的骨干人员辞职了,留给了李某一个空壳公司,剩下的员工都气王某对公司不忠诚,说他是公司的叛徒。

　　王某就这样联合其他股东和员工背叛了公司,给公司造成了重创。可见,王某不忠诚的个人品格对企业造成了不可修复的、不可逆转的影响。因此,不具备忠诚的优良品质的人坚决不与之合伙。

　　同样的,选择信念不坚定、意志不坚定的人作为企业的合伙人,也会给企业的发展带来很大的影响。

　　信念不坚定的"墙头草",很难正确为企业导航

　　信念不坚定的合伙人往往没有明确的方向和态度,就像墙头草一样,企业中哪种观点更强势他就倒向哪边。信念不坚定的人会觉得谁说得都有道理,也不知道自己该支持哪方、反对哪方,表现出举棋不定的状态。这样的人一般很难做出正确合理的决策，也很难给企业正确导航。

信念不坚定可能意味着能力的欠缺

通常情况下，人的墙头草状态往往是由两种原因导致的：一是不愿意得罪人，总是保持中立，不轻易发表自己的观点；二是肚子里没"料"，也就是能力有所欠缺，害怕说错话或做错事，甚至是因为自己的知识和才能储备不够而无从得出观点和结论。

信念不坚定的人可能随时反悔

信念不坚定的人的思想在很大程度上会受外界环境变化的影响，所以即便他们之前作出了决定往往也坚持不了多久，可能随时都会反悔，这就会给企业的正确决策带来困难。而且也会让决策执行的方向性变得不够明朗，从而降低企业的运行效率，甚至使企业的运行陷入混乱。

总之，对企业来说，合伙人的忠诚和坚定是非常宝贵的品格，这两个方面对企业的发展有至关重要的作用。不忠诚、不坚定的合伙人坚决不能选。

胆小怕事、没有担当的人不能选

无论是创业还是企业经营，困难和挫折都在所难免。要想合伙创业或经营企业，害怕困难、不愿承担风险、胆小怕事、不愿承担责任是不行的，这样就背离了合伙的本质和意义。

美国西点军校的校规明确规定："没有责任感的军官不是合格的军官。"同样，没有责任感的人也不是合格的企业合伙人。要想与人合伙创业或经营，就要不惧困难、勇于担当，没有担当的人就没有成为合伙人的资格。

借口一大堆，推卸责任

胆小怕事、害怕承担责任的人在遇到困难之后会下意识地往后退，不但不去主动寻求解决问题的办法，而且借口一大堆，甚至会将责任推到别人身上。如果企业中有胆小怕事的合伙人，其才能和作用很难真正发挥出来。对企业来说，这是一种人才资源的浪费，更会给其他合伙人留下了不好的印象。

让其他合伙人没有安全感

胆小怕事、害怕承担责任的合伙人在困难面前的种种退缩的表现，会加重其他合伙人的负担，少了对合伙的安全感，并且会渐渐产生厌恶的心理，引起企业中其他合伙人的不满。而且，一些合伙人不愿承担责任的行为，也会让其他合伙人对企业的实力和未来产生怀疑，更为自己和企业的未来担忧。

降低了企业的抗风险能力

如果企业的合伙人尽是胆小怕事之人，那么企业抵抗风险的能力就会很弱，没有人敢于冲在前面主动解决问题，企业就只能对风险"逆来顺受"。这样一来，企业尚待解决的问题越来越多、越来越严重，慢慢就会变成企业的"不治之症"。一个"病态"严重的企业又靠什么抵御风险呢？

下面这个案例中的教训值得大家谨记。胆小怕事、不愿承担责任的人终究不是好的合伙人人选。

萧某擅长平面设计，在一家大企业历练一段时间之后，就决定自己开一间工作室。萧某将这个想法与朋友孙某和李某说过之后，鉴于资金问题和业务问题，同意了孙李二人入伙，萧某是最大股东。三人很快就租到一处办公场地，开了一间工作室。萧某和李某负责平面设计，而孙某负责拓展业务。

工作室正常运行之后，孙某和李某吃住都在工作室，而萧某则回家吃住。孙某和李某每天睡到八点萧某来上班时才起床，连卫生都不打扫，公司的卫生都是萧某来做。萧某也多次提醒他们，但无济于事。无耐之下，萧某只好自我安慰：都是朋友，这点小事就算了，只要齐心协力把公司做好就行。

就在他们三人的工作室顺风顺水的时候，孙某的工作突然出现了失误，合同上与客户约定的违约金本该是3万元，但孙某不小心多写了个零，成了30万元。偏偏这个单子的平面广告出现了严重的问题，对方要求按照合同赔偿。

萧某原以为赔偿对方3万块钱也没什么，于是三人带着3万元违约金去找客户和解。谁知，客户看到他们的3万块钱更火了，把合同往桌子上一摔，说："合同明明规定违约金是30万，区区3万块钱就想敷衍我！"这下三个人都傻眼了，任凭他们怎么解释，客户都不相信这只是签合同时的一个疏忽。

三人回到公司，开始商量如何解决这件事情。萧某认为，合同上的错误是孙某犯下的，孙某应该承担更大的责任：这30万元违约金孙某出20万，公司出10万。孙某原本就胆小怕事，加上这次损失惨重，虽然自己有过失，但不愿意承担这么大的责任，于是提出撤资辞职。

第二天，孙某就没来上班，而且关机消失在萧某和李某的视线里。

这件事情给萧某的工作室造成了很恶劣的影响。很多老客户也不来照顾萧某的生意了。高昂的租金让萧某和李某无法承受，无奈之下萧某只好将仅仅经营一年的工作室关闭。

案例中的孙某就是一个胆小怕事、不愿承担责任的人。当萧某提出让孙某承担主要责任的时候，他不但没有表态，反而溜之大吉。恶劣的影响让三人共创的工作室无法再经营下去。

在现实中，像孙某这样胆小怕事、没有担当的人不在少数，我们在选择合伙人的时候必须警惕这样的人，切不可光凭其天花乱坠的华丽说辞就贸然合伙，一定要对目标合伙人的情况多调查、多了解，再做出是否合伙的决定。

哪些人不能选作合伙人

资本的形式有很多,包括具有经济价值的物质财富和社会关系等。因此,不管你是有金钱资本还有人脉资本,甚至是有土地、设备等资本,只要是能够产生经济价值的,都可以说是有资本。

做什么事情都要有一定的资本。我们在寻找合伙人的时候,也要看对方是否有能帮助你产生经济价值的资本。如果他人所拥有的资本对我们的企业没有任何帮助,也就没资本成为你的合伙人,这样的人也不能作为合伙人选。

道理我们都明白,但是现实中总是会存在一些特殊情况。

没有资本的亲朋好友

亲朋好友看到你开了公司,觉得你很了不起,想沾点光、一起赚点钱,这时候,他们就会说:"×××,看你都当老板了,给我安排个职位,咱们一起赚钱呗。"亲朋好友开口了,你是答应还是不答应?答应的话,可能你这个朋友没有专业技能,也没有钱投资扩大企业规模,更没有相关领域的人脉,他来到企业能做什么呢?对企业有什么帮助呢?不答应的话,可能就会得罪这位朋友,他可能会觉得你清高、看不起人,然后他会到处去宣扬：×××当老板就怎样怎样了。

如果你经不住这些闲言碎语的打击，决定给这位朋友在公司安排一个闲职，或者头脑一热，给了他合伙人的地位，可能还会有更糟糕的情况出现：他可能会胡乱发号施令，让工作一团糟。

只会吹嘘的人

有的人生来就会"忽悠"，而且"忽悠"地能让人信以为真。假如你急需合伙人的加入，可能就会中了这些只会"忽悠"的人的"圈套"。只会吹嘘的人，几乎没什么真本事，甚至一穷二白，连投资本钱都没有，这样的人对企业来说也是毫无帮助的。

公司经营不能掺杂个人感情

人都是有感情的，有些创业者和企业经营者未必能将个人感情和经营活动分得开，比如自己经营公司，总想让妻子、亲戚来做财务，这样才放心；或者你的亲朋好友介绍他们的亲朋好友来工作，你也可能碍于面子不好意思拒绝，这就是在经营中掺杂了个人感情……在公司经营中掺杂个人感情的情况还有很多，但这未必是好事。如果你的妻子是个会计高手，或者介绍到公司的人确实是人才，能为公司带来利益，这样当然是好事；但如果你的妻子只会记记账，却不懂税务知识，介绍进公司的人也是一问三不知，需要从零调教，更有甚者人品还有问题，那你这"感情"付出得就太不值了。

李某三年前开了一家服装公司，经过一番打拼做得风生水起，这时候，刘某的小舅子王某大学毕业了，还没有找到工作，李某妻子见状，就把弟弟王某带到了老公的公司，并对老公说："咱兄弟可是个大学生，得的奖状一大摞，是个人才，安排个好职位，可别亏待了他啊。"

李某很是无奈，又不好拒绝妻子，于是安排小舅子王某先做市场业务，熟悉产品和市场。谁知王某上任的第二天，李某妻子就找到了办公室，说怎么能让自己的弟弟干这么累的活呢，怎么也得弄个副经理当当啊。

李某无奈，把王某安排在销售部当副总，王某兴高采烈地上任了。由于王某完全不了解产品和市场，对这项工作一窍不通。但又碍于面子，觉得自己堂堂一个大学生再怎么着也差不到哪去，自以为是，对于销售经理的意见完全不予理会，对下属员工更是呼来喝去。周围的人对他很有意见，认为他没有真才实学，空有一纸文凭。

终于有一次，王某捅了很大的篓子，把客户的订单搞错了，为此公司赔了很大一笔赔偿金。李某觉得不能再由着妻子和王某胡闹下去，于是将王某调到自己的办公室做助理，亲自教导，可王某认为姐夫没有尊重他，伤了他的面子，一气之下离开公司了。

事实上，不是李某不尊重王某，王某本就是一个没有合伙资本的人，他没有专业的市场业务经验，也没有服装行业的人脉，更没有帮助李某扩大生产的金钱资本，如果不是李某妻子护着王某，王某可能连李某公司普通业务员的职位都得不到。

以上这些情况都会影响企业的经营和发展，所以，创业者和企业经营者必须学会"生意归生意、感情归感情"的经营方式，经营企业的时候尽量不要掺杂私人感情。坚决不能给没有合伙资本的人重要岗位，让其成为自己的合伙人。

没有创业意识的人不能选

意识对人的生存和发展具有导向作用,创业意识同样也是考核合伙人的重要指标。找合伙人的目的就是要合伙创业的,如果你的合伙人只是追求一份稳定的工作,拿着稳定的收入,不愿承担风险,没有创业心态,那你找的只是普通员工,而非合伙人。

为什么创业意识如此重要呢?很多事情,往往心态决定成败,创业同样如此。创业心态与员工心态是完全不同的——员工为老板打工,拿着固定的薪水,做老板吩咐的工作,根本不会考虑企业的发展和风险;而有创业心态的合伙人,做好了与企业创始人风雨同舟的准备,甚至做好了几年不拿工资的准备。他们所做的一切都是为企业的发展考虑的,也准备随时应对企业发展中的各种困境和风险。如果没有创业心态,合伙人就与普通员工无异;如果没有创业心态,合伙人就会在企业遇到困难和风险的时候不断抱怨,甚至为了养家糊口、生活稳定还会提出散伙。所以,在选择合伙人时,一定要了解清楚对方是不是有创业心态,如果对方只是想安稳生活,不想与企业共进退,那这样的合伙人要果断放弃。

小米是创业公司的榜样，是创业中的明星公司，经过几年的发展，小米已经取得了不错的成就，然后这一切并不是通过严苛的制度实现的，而是经过大浪淘沙之后，留在小米的员工都有创业心态。你会发现，小米没有KPI，因为KPI在小米没什么作用。小米的员工无需制度的约束，也无需管理者的督促，都能够自发地积极主动地投入工作。小米的员工专注工作的时候都能达到忘我的状态，他们会忘了时间，连续工作十二三个小时。

创业心态在小米体现得非常明显，这种积极向上、不畏困难的心态让小米取得了快速的发展。

没有创业心态的人就没有承担风险的勇气

投资有风险，创业也有风险，合伙人的必要条件之一就是有勇气、有担当。在寻找合伙人的时候，一定要了解对方是如何看待风险的、对于承担风险持什么样的态度，如果对方总是回避风险、害怕风险，这样的人基本上就不在考虑范围内了。

对企业的具体工作毫无激情

创业并不是一朝一夕的事情，而是一个长期的持续的过程；创业需要的是对工作极度热爱的人、是心甘情愿为企业发展成为"工作狂"的人。如果合伙人对企业的具体工作并不感兴趣，麻木冷漠，那么合伙创业的这份激情很难维持下去；没有激情的工作自然也就少了主动性和创造性，也会少了责任心，这样做出来的工作是平庸无味的，是没有竞争力的，更是没有意义的。

不能坚守困境

合伙人的坚持、坚守也很重要；没有创业心态，创业初期三五年的艰苦日子合伙人可能很难扛下来。合伙人必须预料到企业初期发展会遇到的困境，并且对这些困难情况做好心理准备，在"扛"的问题上，有创业心态的人和没有创业心态的人表现出的行为和情绪会有很大差别。

综上所述，创业心态是选择合伙人的重要评价指标、一个人再优秀、再有能力，但如果他没有创业心态，就不是合伙人的合适人选。

案例：马云如何选择恰当的合伙人团队

阿里巴巴取得了今天的成就，与其优秀的合伙人团队有着不可分割的关系。而优秀的合伙人为什么会选择来到马云身边呢？

可以说，马云是一个知人善任的人，他找合伙人时喜欢靠企业愿景吸引人，靠真诚之心感动人，这一点阿里巴巴的永久合伙人蔡崇信深有体会。

马云与蔡崇信可谓"一见钟情"，原本是没有交集的两个人，背景悬殊，但蔡崇信与马云初见时就被马云的人格魅力和宏伟愿景深深吸引了。认识马云时，蔡崇信是瑞典Investor AB风投部门亚洲区总裁，年薪70万美元，而马云正在进行第四次创业——阿里巴巴。

1999年，蔡崇信的一个台湾朋友请他出面将其IT公司卖给马云，蔡崇信便来到了杭州谈这件事。初见，他觉得马云非常平易近人，还极有魅力，马云一直都在谈论伟大的愿景，当时二人没有谈商业模式、盈利或者其他业务上的事情，马云只是说，我们拥有这些数以百万计的工厂资源，如何帮助这内地工厂接触到西方世界呢？它们现在都看不到光明的那一天。就这样，蔡崇信被马云深深地感染和吸引了，成了"马云背后的男人"——而且是极度忠诚的男人。

其实，蔡崇信加入阿里巴巴是主动请缨的，哪怕马云"不敢"以每月500块钱的工资接受这个人才，他还是义无反顾地与马云并肩作战。

阿里巴巴的"十八罗汉"都与马云有过故事，但也有一定的共同点，除了阿里巴巴的发展前景带来的金钱利益以外，都是被马云的个人魅力、企业信念以及阿里巴巴团队的凝聚力和战斗力所打动。

在选择合伙人、任用合伙人方面，马云也是一位天才，他通过合伙制度牢牢抓住了优秀合伙人的"人"和"心"。

马云可谓是深谙合伙制度的精髓，即便香港证监会因不认可阿里巴巴的合伙制度而未准其在香港上市，也没有影响阿里巴巴合伙制度的实施。

为什么马云如此钟情合伙制度？一是阿里巴巴有实施合伙制度的优势，因为阿里巴巴一直在有意识地贯彻以合伙人治理为核心的统一且发展的企业文化；二是马云深深领会了合伙制度的精髓以及对阿里巴巴的重大意义。

马云将合伙制度在阿里巴巴运用得炉火纯青，自然也会对合伙人提出一定的条件和要求。2013年9月10日，也就是阿里巴巴准备在香港上市前夕，马云曾给所有员工发了一封邮件，内容就包括阿里巴巴合伙人的产生条件。除此之外，阿里巴巴也有明确的合伙人资格要求：

1.在阿里巴巴工作五年以上；

2.必须持有公司股份，且有限售要求；

3.由在任合伙人向合伙人委员会提名推荐，并由合伙人委员会审核同意其参加选举；

4.在一人一票的基础上,超过75%的合伙人投票同意其加入,合伙人的选举和罢免无需经过股东大会审议或通过;

5.符合两个弹性标准:对公司发展有积极贡献;高度认同公司文化,愿意为公司使命、愿景和价值观竭尽全力。

除了以上提到的合伙人资格要求之外,马云最为看重的还是合伙人的人品道德、素质能力,阿里巴巴合伙人之一俞永福在阿里的发展就是最好的证明。俞永福当真是一位大才,竟让马云甘愿打破"工作五年才有资格评选合伙人"的常规,俞永福堪称是阿里巴巴的传奇:2014年携UC加入阿里巴巴;2015年连续升级出任阿里移动总裁、"阿里妈妈"总裁和高德地图总裁,紧接着又以阿里合伙人身份进入八人战略决策委员会;2016出任阿里文娱董事长兼CEO。

马云选用合伙人时既有规矩又有人情——大才当前,规矩就可以适度地破一破。我们在欣赏马云的个人魅力和阿里巴巴的辉煌成就时,还要学习马云的真诚、睿智、不断提升自己吸引优秀的合伙人的智慧,当然一切要以适合为标准,适合企业的才是最好的。

第五章
合伙赚钱之前，
先立规矩

俗话说：无规矩不成方圆。对于合伙制，合伙之前必须先立好规矩，让这些规矩来指导合伙过程中合伙人的行为。大家一起共事，虽然目标一致，但诚信共赢、大局为重、坚决执行、互相监督的规则还是要有的，这样在出现一些问题的时候才有评判的标准和依据，才能让合伙人心服口服。

诚信是合伙共赢的首要原则

诚信是合作与合伙的基础。当今社会,诚信变得千金难求。在与人合伙创业经营时,诚信也变得万金难买。

无论是经营大企业还是仅仅经营一个小店铺,选择诚信的人作为合伙人至关重要。有这样一个小故事:

一个建筑工人的斧头掉进了河里。斧头是他赚钱的资本,丢了斧头一家人的生计就成了问题,工人坐在河边伤心地哭起来。河神听到了他的哭声,便答应下河去帮他打捞。不一会,河神举着一把金斧头问他:"这是你的斧头吗?"工人看了一下摇摇头说:"这不是我的。"河神再次下水去捞,不一会又举着一把银斧头问:"这是你的斧头吗?"工人看了一下又摇摇头说:"这也不是我的。"这下河神捞出一把铁斧头,工人一看高兴地说:"是的是的,这把斧头是我的。"河神见这个工人老实、诚信、不贪财,于是把金斧头、银斧头也送给了他。

另一个贪心的工人知道了这件事,也把自己的铁斧头扔进河里。河神同样捞起一把金斧头,没想到这个工人居然马上说:"这就是我的斧头。"河神见这个人阴险狡诈、不诚实,于是带着金斧头一起消失了,这个工人不仅没得到金斧头,而且还赔上了自己的铁斧头。

这个小故事很好地让我们看到了不诚实、不诚信的下场。所以,在你寻找合伙人的时候,以及在与合伙人正式合伙经营之时,一定要遵照诚信原则,不仅要求合伙人诚实守信,而且自己也要做一个诚信的人,坚持诚信的经商原则。福建省长乐镇就有几个靠诚信合伙经营,把"牛生意"做得红红火火的牛人。

长乐镇的周某在做黄牛生意之前是跑运输业务的,他看到甘肃一带有许多黄牛,价格便宜,肉质也好,于是心生了做黄牛生意的念头。长乐镇的钱某原本做电机生意,但近年来,生意每况愈下,也想着转行做其他生意。钱某的丈夫与周某是好朋友,鉴于电机厂的情况,钱某夫妇二人都想到了和周某做黄牛生意。

周某和钱某各出资20万元作为启动资金,二人成了合伙人。钱某在集贸市场租了一个摊位,负责销售黄牛肉;周某负责黄牛的贩运。两人一个负责进货,一个负责出货,合作非常顺利,生意也是越做越大,没过多久就有了自己的中转场。

这几年来,周某和钱某两人从来没有因为钱的事而闹矛盾,这其中的秘诀就是双方都是诚实守信的人。黄某一个人在外面跑贩卖和运输,运输多少、黄牛价格多少,钱某并不知道详细。而钱某卖牛肉每斤价格多少、有没有特价销售,周某也不过问。但两个人就是凭着诚信,一是一、二是二,合伙的事情丝毫都不含糊。他们两个人每天都对账,把账做得清清楚楚。

两个人就靠着诚信和理解，把生意越做越大。他们不但自己销售牛肉，还做起了对外批发的生意，更是凭着过硬的牛肉质量将生意做到了当地各大农产品配送中心。

案例中的周某和钱某都是讲究诚信的人。诚信让他们彼此信任，让他们少了互相猜疑和勾心斗角，多了互相理解和互帮互助。你会发现，凡是久经风雨仍旧屹立不倒的企业，合作双方始终都在坚持诚信原则，无论遇到怎样的困境，都没有人退缩，更没有人为了自己的利益而暗箱操作伤害合作方。

所以，诚信是合伙人必不可少的道德品质。没有诚信，合伙寸步难行。

合伙人必须统一目标，以大局为重

作为合伙人，在开始合作之前必须统一目标，确保合伙人能朝着同一个方向努力。另外，合伙人要有先企业后个人的奉献精神，以大局为重，在大局面前不计较个人私利。

统一目标是让众位合伙人统一步调的前提，人人都朝着大的目标来走，企业就不会偏离预期的发展方向，因此，合伙之前，先向合伙人灌输企业的统一目标，一是让企业的目标得到合伙人的认同，二是不至于让合伙人走偏方向。

2017年春季，李某、张某、薛某、侯某四兄弟合伙创立的餐饮公司经历了一番波折终于又开门迎客了！中间经历了怎样的坎坷呢？

原来，B餐厅是李某、张某、薛某和侯某四兄弟每人投资10万元合伙开的餐厅，当时四人目标一致地要打造当地味道最棒的川菜餐厅，为此，四人将餐厅装修为巴蜀风格，并不惜重金聘请了著名的川菜厨师来掌勺。开业之后餐厅一炮打响，每天门口都有人排队等候就餐，然而就在厨师合同期满时，这位大厨因家里的事情提出了辞职。

换了厨师，换了味道，客人们用餐时开始嘀咕，离开餐厅时也很难看到其满足、赞扬的笑容，餐厅的生意一天天冷清下来，甚至会出现入不敷出的日子。眼看困局摆在眼前，怎么办呢？四人商议，不如先以店面装修的由头歇业一段时间，然后改换菜系，从而重新抓住客人的胃。

再次面向大众开门营业的时候，这家餐厅主推了东北菜系，并辅以少量的卤菜，然而就是开业那天，餐厅的招牌菜出了问题：杀猪菜完全不是东北的味道。开门就迎来了个"炸弹"，这次餐厅并没有红起来，尽管开展了多次促销优惠活动依旧无济于事。

在这紧要关头，三个人都有点灰心丧气了。他们有的主张再请有名的厨师做回川菜系，有的主张经营以辣著称的湘菜，有的说主营海鲜比较时尚，有的觉得自助更符合现代人的个性……四个人各执一词，谁也很难说服谁。就这样，餐厅就在他们的争论中每况愈下。

后来，四个人经过深刻的反思，他们觉得之前做川菜之所以能取得成功，一是餐厅的菜品确实精致、地道，能够满足重口味的人的麻辣刺激；二是四个人目标统一，从上到下、从前到后都是浓浓的川味，给人敬业又专业的感觉；三是初次开业的时候的开门红很重要，所以正式营业之前一定要试吃。

四个人决定重新彻底改变餐厅在食客心中的形象，他们拿出各自的老本，将店面重新装修，换了名字，使之更具巴蜀民族感和时尚感，并且四人再次赶赴四川，请来了更有名气的川菜大师，同时也多多考察了当地的餐厅，学到了很多经验。

这一次开业可谓是万事俱备，舒适的就餐环境，浓浓的巴蜀氛围，地道的川菜口味很快就吸引了更多的食客，不久之后，他们就在同一个城市开了两家分店。

仔细看来，李某等四人合伙经营的餐厅之所以会出现客流量下滑的局面，与厨师的辞职有很大的关系。但是在厨师辞职之后，四个人乱了阵脚，各自为政，没有了明确统一的目标和方向。他们总是主观地坚持自己的观点，而没有以大局为重，于是才会出现后面的混乱局面，但是最终四人经过反思，重新确立了统一的目标，最终又让餐厅走上了正轨，走向了新的辉煌。

统一的目标和为大局着想的精神对企业的发展来说就是这么重要，因此，在合伙之前，务必先统一目标、统一战线，确保合伙人能在共同目标的指引下大步向前。

有关钱的事儿：严谨再严谨

中国人好面子，认为谈钱伤感情，因此，生活中人们往往会对一些与钱有关的事避而不谈，但是在合伙创业或经营之前，要把有关钱方方面面的事先考虑周全，约定好规则，这样解决起来就有章法和规则了。那么合伙制中如何解决哪些关于钱的问题呢？

股权分配机制

如果是合伙创业的合伙人，对方有资本投入需要分配股权时，在合伙赚钱之前必须明确股权分配机制，明确自己占多少股份、怎么获得股权等问题，这样大家就可以踏踏实实埋头苦干，不会担心股权分配问题而起内讧，产生不必要的纠纷，从而影响公司的发展。

制定好分红规则

生意场上无父子，亲兄弟明算账，这句话从古至今都是生意场上的戒律清规。所以，不论与谁合伙，在合伙赚钱之前都要"先小人后君子"，合伙之前先明确分红规则，比如以出资优先的原则来分红、以技术优先的原则来分红、以贡献值为依据来分红等。只要合伙人都认可这一规则，就不会因为利益的问题而产生矛盾。

企业的财务要透明

无论是大企业还是小企业，都离不开财务。在合伙经营的企业中，更是要求财务公开透明。在财务方面，首先要求合伙人讲究诚信，要求合伙人之间相互信任，账务、账目要规范、公开。让合伙人看到公司没有人徇私，没人多往自己兜里揣钱，这样他们心里才会平衡，觉得自己的付出得到了公平的回报，从而就会更加忠心于企业。

建立有效的监督机制

账目的监管也是合伙人非常关注的问题。完善的账目制度是促进公司健康发展的有利因素，同时也是让合伙人对公司账目满意的方法之一。企业钱账分管能有效地实现内部控制和内部监督，从而实现合伙人之间的互相监督和制约，否则，就会出大乱子。

何某和马某都是四川人，2013年，两人合伙在云南开了一家火锅店。马某负责采购，何某负责经营。就这样，一晃三年过去了。2016年，经一位朋友介绍，二人到另外一个城市合资80万元开了一个更大的火锅店。这个时候，何某要求马某提供在云南开火锅店时的账目，不想遭到了马某的强烈拒绝。马某的举动让何某觉得有问题，肯定是账目不清，或者贪了钱。于是何某的火气一下子就上来了，拿起水果刀将马某的左肋处捅伤，马某进了医院的重症病房。

经过警方调查，何某和马某在云南开火锅店之前并没有签订合伙协议，也没有股权合同和分红协议，这让警方感到很为难。

钱是好东西，也是坏东西。创业的时候，两个人可以为了赚钱有难同当，但真的赚到钱了，可能又会因为钱而伤害了兄弟之情，就像案例中的何某和马某一样。其实何某和马某的问题就是因为合伙之前没有约定好有关钱的事，他们没有任何关于钱的合同，也就没有管钱和分钱的系统和规则，这才出现了持刀伤人的悲剧。

合伙人之间彼此信任是应该的，但是不能没有一点防范信用风险的措施，等到真的因为钱的问题产生矛盾的时候，就无法处理了。无论合伙人是亲戚还是朋友，一旦合伙，就要把亲情、友情抛在一边，彼此之间只剩下合伙关系，把有关钱的问题事先都摊开来讲清楚，这样才能实现个人利益和企业利益的最大化。

吸收合伙人股权进入：有规范才有秩序

要想吸收合伙人，使其股权进入有规范、有秩序，就必须先想明白什么是合伙人，为什么要合伙做生意。

答案很简单。合伙人就是有创业能力和创业心态，能够三五年对企业不计回报地全情投入的人。合伙人之所以合伙做生意就是为了实现资源的共享和互补，所以合伙人首先必须有宽容豁达的胸怀，不斤斤计较，倾尽全力贡献自己的资源和智慧。

欣赏与共享，而非挑剔

正如前面所说，合伙人也不是十全十美的，更不是为你的企业"量身定做"的全才，而是在某一方面能力特别突出。而你需要的正是他所拥有的突出能力，所以你需要欣赏他的能力，然后共享彼此的资源，而不是去挑剔他人的不足。所以宽容、欣赏也是合伙的前提。

高超的领导能力

能成为企业的合伙人，就注定要有管人、理人和培训人才的能力，需要有一定的情商和领导力，能够处理公司的大小事务，能够将公司的工作做得井井有条。

能够成为他人的合伙人，肯定是在某些方面有过人之处，能在一些地方弥补他人的不足，能为他人创造价值，所以合伙人必须是和自己互补的人。当然，成为合伙人，让股权进入也要有一定的规范和秩序。

领导人就是要整合周围一切可以利用的资源，并让这些资源充分发挥自身的价值和作用，通过资本的运营，实现产业和资本的有效整合，实现企业利益和自身利益的最大化。

足够的资金投入

无论是大企业还是小企业，发展都离不开资金的支持，没有资金，一切发展都无从谈起。自古以来，资金都是合伙创业或者股权分配的关键因素，甚至有些企业会直接依据出资比例来分配股权。而有的企业也会要求合伙人注资，并且会限定注资的金额。这个时候，没有足够的资金投入，也可能丧失成为优秀合伙人的机会。

企业发展的特殊技术

技术是推动科技和人类发展的重要因素。社会的各行各业都需要掌握尖端技术的人才。如果你是某方面的技术天才，而某个企业又刚好需要你这样的技术人员，那你就可以以技术出资的方式成为某企业的合伙人。

当今时代，有雄厚资金实力的人和有卓越领导能力的人比比皆是，但是有过硬的专业技术的人却是千金难求。在企业的创业初期，技术型合伙人是十分难得的人才，也是非常抢手的人才。所以，如果你有顶尖的技术，就更容易成为某些企业的合伙人。

企业发展的稀缺资源

任何企业的发展都需要一定的资源，这些资源有的相对容易得到，而有的则是稀缺的，很难找到，并且对企业来说又至关重要。如果你拥有这样的资源，那么你也有了成为某些企业合伙人的资本，并且一旦成为企业的合伙人，就是企业无人可代替的顶梁柱。

张某和李某在大学时是好朋友，毕业后又进入同一家企业工作。然而五年过去了，两个人却有了很大的不同。张某在技术部门工作，五年后获得了高级技术职称，获得了多项公司奖励和业界技术奖杯，成了业界名头颇响的行家；李某因为只想安逸工作，所以在这家企业的客服部呆了五年，每天就是处理客户的投诉、安排维修等。

有一天，两人在上班路上，看到了某企业招募合伙人的启示，给出的待遇条件非常好，但是要求必须具备两个条件之一：一是注资30万，二是有某领域的高级技术职称，能带技术团队。满足条件之一，再根据面谈结果择优录选。看到这则招募启示，两人互相看了一眼，都为该公司给出的良好待遇动了心，张某喜上眉梢，而李某却一筹莫展。

后来，李某东挪西借凑齐了30万，两人相继与该企业的领导者进行了面谈。张某凭着过硬的技术和丰富的经验，立马得到了该企业的赏识，顺利成为该企业的技术合伙人；而李某虽然有了这30万，但鉴于自身的素质和职业经历，最终未能如愿。

很显然，该企业招募合伙人时有一定的规则和要求，有了一定的标准自然能把庸才挡在门外，把人才吸引进来，张某正是符合了该企业的合伙人进入条件，所以才顺利实现梦想；而李某恰恰相反，他虽然有30万可以投资，但该企业真正缺少的是人才，所以他遭到了拒绝。

合伙人不是说当就能当的，每个企业都有自己的评判标准和进入规则。只有这样才能保证企业招募到优势互补的优秀合伙人。

合伙人退出：有准备才不畏惧

19世纪，英国首相帕麦斯顿说了一句被人们视为真理的话："没有永远的朋友，也没有永远的敌人，只有永远的利益。"这句话成了外交上的主要策略，在商场上也同样适用，特别是在合伙制中。

的确，天下没有不散的筵席，合伙人能走到一起，也会因为各种各样的原因散伙退出。因此，在合伙人进入的时候，不妨也把退出的问题事先约定好，并将退出规则白纸黑字写在协议上，一来双方都明确了退出机制，二来企业对于合伙人的退出也会有所准备，避免企业因为合伙人措手不及的退出而陷入困境。

即便是员工持股做得非常好的华为，也曾因为合伙人的退出而受到一定的影响。

华为曾经的副总裁刘平退出已经是很久以前的事了，但他的离开至今让人记忆犹新，因为他走的时候跟华为"打了一架"。

2002年1月10日，刘平离职办理股权回购，华为按照他实际支付的股票价格——354万元原价回购了他的股权，但刘平认为这样计算是不对的。2001年华为公司用股利转增股本，实收资本由23.2亿元增加到32亿元，刘平认为自己的股本也应该相应增加到4 882 759元，并且华为公司2001年度的每股净资产为3.28元，并非1元，华为公司应该向他支付款项16 015 449.52元，尚有12 475 449.52元未给付。另外，2001年的股权红利也应该支付给刘平。

就这样，刘平将华为公司和华为公司工会一并告到了法院，被称为第一股权纠纷案。华为的员工持股机制也因此受到了热议，原本这是华为公司内部的事，却弄得众人皆知，给华为的形象造成了一定的影响。

经过这一事件，华为总结出：在合伙时，一定要设计好股权退出机制、设计好股权、期权的回购价格。

华为得到了教训，相信很多企业也能从中得到启示，的确，合伙人退出机制的设置与进入机制一样重要。

有言在先，好聚好散

但凡合作，都要先制定规则。按照普通人的思维，一般情况下合伙之初人们只关心怎么合伙，却并不关心怎么散伙。其实，在合伙之前，非常有必要让合伙人知道散伙的规则，让其清楚了解散伙带来的利益得失，真到散伙的时候就可以避免伤了和气。

财产分割有依据

上述刘平与华为的案例中，刘平就是因为财产分割问题将华为告上了法庭。假如华为之前就有关于合伙人的退出机制，明确了合伙人退出的股权回购价格等问题，就不会出现这一闹剧。对企业来说，提前规划好合伙人的退出机制就可以在一定程度上避免纠纷，减少不必要的麻烦。把钱的问题理清才能让合伙更顺利地进行。

让企业有所准备

有时候,大股东、核心合伙人的退出会让企业的资金流断裂,严重影响企业的正常运行。但是有了合伙人的退出机制,企业就可以防范资金风险、防患于未然。同时,如果企业的资金流充裕,就可以一次性支付退出人的撤股资金,避免后续纠纷。

总之,合伙人的退出机制与进入机制一样重要。在合伙之前,明确合伙人的退出机制,在一定程度上可以抵御资金风险和企业形象风险,企业领导者必须加以重视。

合伙制中股权回购与置换规则

现实中,合伙企业还经常面临股权回购和股权置换的问题,股权回购和置换也有一定的规则可循,脱离了规则的指导和约束可能就会破坏股权结构。除了国家相关法律法规对股权回购和股权置换做出规定以外,企业内部也要有相应的规则来约束这些行为,这对于合伙人利益和企业利益来说,都是有力的保障。

股权回购

先来看看股权回购是怎么回事。股权回购就是上市公司利用自有资金或债务融资以一定的价格回购公司已经在外发行的普通股的行为,是一种常见的资本运作方式,也是一种常见的公司理财行为,同时也属于资本收缩的一种形式。

公司将股权回购之后,可以将其作为库存股,也可以进行注销,从而达到减资的目的,或实现股本结构的调整。

2006年1月1日开始实施的新《公司法》为了有效保护中小股东的合法权益,明确规定了中小股东的股权回购请求权。有限责任公司股东的股权回购请求权是指异议股东在出现法律规定的某些特殊情况下,有权要求公司对其出资的股权予以收购。有限责任公司异议股东股权回购的事由在新《公司法》第七十四条第一款中做了规定：公司连续五年不向股东分配利润，而该公司五年连续盈利，并且符合本法规定的分配利润条件的，对股东会该项决议投反对票的股东可以请求公司按照合理的价格收购其股权。

对于股权回购来说，最主要的就是设定好回购价格。回购价格过低，可能回购无法顺利达成，还会影响市场对于股价的判断；回购价格过高，又可能会造成回购前股票猛涨、回购后股票下跌的情况，不利于上市公司的市值管理。

股权置换

为了引入战略投资者或合作伙伴，本公司常常和其他公司进行股权置换。股权置换不涉及控股权的变更，只是实现公司控股股东与战略伙伴之间的交叉持股，以建立利益关联。

股权置换的方式一般有三种：股权之间置换、股权置换+资产、股权置换+现金，当然，任何一种方式都会存在一定的风险。

股权之间置换可以降低财务风险，这是因为股权置换不需要支付任何现金就能完成。

股权置换+资产是指由公司原有股东以出让部分股权的代价或者是采取增发新股的方式使公司获得其他公司或股东的优质资产。这种方式的优点在于不用支付现金即可获得优质资产，扩大企业规模。这种方式通常用于一方存在优质资产的情况下，而这部分优质资产可以迅速提高一方的生产能力和规模，而且不具有支付现金的财务风险。

股权置换+现金是指除相互置换股权外，还要支付一定数额的现金才能完成的股权置换方式。这种方式比较灵活，通常发生在并购转让价格非常高的情况下，在置换后通常取得控股地位。

股权置换好处有很多，但仍需注意以下几点：

（1）必须履行各自公司的董事会批准程序及必要的工商变更登记手续，以及相关的评估和审批程序。

（2）应尽量了解所置换股权的相关信息。

（3）应就置换的公司的股权结构作详尽了解，比如是否存在股权出资不实、出资不到位、股权出质、虚假出资等情况。

（4）确认股权置换的份额后，应请专业的资产评估机构对被收购公司的资产及权益进行评估，出具评估报告。

（5）换出的固定资产置换前要先通过清理。

（6）税务处理要明确。

请看案例：

北京盛世光明软件股份有限公司已经于2017年10月28日董事长孙伟力主持召开了关于"事业合伙人计划"的分享会，这预示着盛世光明事业合伙人的强势起航。

通过盛世光明的合伙人计划我们可以看出，该计划对于股权的回购做了明确的规定，首先，盛世光明明确了股权回购的条件：

★成立满三年；

★利润成递增趋势；

★总体完成年度任务；

★业绩对赌，合同条款合法合规。

该计划同时明确了股权回购的价格依据：盛世光明的股权回购价格以子公司前三年税后净利润平均值为基础，三年后回购股份时，新三板按照7.5倍市盈率，创业板按照15倍市盈率，股权回购后对赌三年业绩。

盛世光明的股权回购方式是股权+现金的方式；在盛世光明，股权回购是合伙人收入的最主要的组成部分，而且子公司收入越高，股权回购时收益越大。

盛世光明的股权回购方案充分维护了小股东的合法权益，也充分体现了股权回购的调控功能，实际操作中，我们也要借鉴一些企业的成功经验，避免股权回购和股权置换的法律风险。

互相监督，绝不徇私

合伙企业，财务上的事最忌大权独揽、账目不清、隐瞒不报，而要想避免这些情况的发生，除了要有完善的合伙人公认的财务制度以外，合伙人之间的相互监督也很重要。

通常情况下，合伙企业会有一个或者两个专门管财务的合伙人，如果是两个合伙人负责财务，那就可以将管账和管钱分开，这样两个合伙人之间可以互相监督，并且其他合伙人也可以对其进行监督。如果负责财务的只有一个合伙人，则企业中的其他合伙人有权对其进行监督，可以按照公司规定定期要求查账，对公司账目进行定期检验。

李某大学毕业了，但他没有像大多数同学那样急忙奔赴人才市场，而是靠着自己扎实的服装专业知识，计划开一家服装店。然而他的资金和能力有限，于是与大学时的好友谢某准备一起做合伙生意。

小店很快就装修完毕，李某和谢某也明确分工：谢某负责店面的打理与销售，李某负责进货和批发，双方击掌为盟，开始了小店的经营，但并没有签订任何协议。两个人都全情投入了工作，勤奋努力，彼此信任，有事总是商量着来，小店的生意日益红火起来。

眼看年关将至，服装行业最火的阶段就要到来。这个时候李某家人突然生病住院了，李某必须全程陪护。他信任谢某，于是就把进货的事也交给了她，直到过完春节李某才回到小店。

但是这次回来，李某发现了异样，他发现春节这段时间小店几乎没有进账，而且谢某进的货也并没有在小店销售。李某对谢某起了疑心，但是两个人没有任何合同，所以李某什么都没有说。

这件事后两个人还是像以前那样相处，但是李某多了个心眼，他决定与谢某分管账目，让账目更公开、更清晰，这样两个人就可以互相监督、互相牵制。从此以后，服装店里再也没有出现账目不明的情况。

因为两人合伙的时候没签订任何合同或协议，所以李某吃了"哑巴亏"。所有事情都口说无凭，李某吸取了教训，开始参与账目管理，两个人互相监督，就没人再对账目做手脚。

李某的教训值得我们借鉴，但是要想实现账目清晰、互相监督，切忌以下几点：

账目手续不全

账目的手续是对账和查账的重要依据。如果入账时手续不全，就会对后续的对账和查账工作造成很大的影响，让这项工作失去依据也失去意义，不利于合伙人之间的账目监督，所以主管财务的合伙人必须提出严格的要求，账目手续齐全才能入账。

义气代替理智

有时候合伙人是亲朋好友，他们之间有义气、有感情。即便有人为了自己的私利或者其他原因，做了一些"出格"的事，发现的合伙人出于义气也会睁一只眼闭一只眼,渐渐地合伙人之间就会出现互相纵容、互相包庇的现象,这样一来,公司的账目根本就是一笔糊涂账,无法理清了。

私自处理合伙财产

合伙人在一起工作就是一个集体,合伙人的财产应该由合伙人共有,并统一管理和使用,但是有的合伙人不经其他合伙人的同意,就对合伙财产私下进行出了处置,这样的私自处置势必会对公司账目造成一定的影响,让公司账目产生混乱,也会让合伙人之间的监督变得无效。

总之,合伙人之间形成有效的监督机制非常重要,这样才不会让合伙人因为钱的事伤了感情,才能让合伙好好地进行下去。

依靠法律的公平、公正及权威解决问题

合伙中可能遇到的问题千奇百怪,特别是与钱挂了钩解决起来会更加麻烦。很多事情都不是谈感情、讲道理能够解决的,在内部调解没有效果的情况下,为了维护企业和自身的合法权益,我们还可以诉诸法律,通过法律手段来让事情得到解决。上文中我们所讲的刘平起诉华为的事件也不是个案,通过法律手段解决问题的案例在大小企业中都会出现。

小董读完高中就放弃学业了,但是他是一个聪慧的孩子,靠着自己的打拼学习了美发技术,并且决定在市区开一家面向大众的理发店。然而,刚刚成年的他并没有很多的资金和人脉,当小董把这个想法跟家里说过之后,小董的姐夫说:"我和你姐姐一百个支持,不如咱们合伙吧。"天真的小董以为自己的梦想就要成真了,都没考虑一下就点头答应了。小董的姐夫是个生意人,手里钱也不少,也是圈子里有头有脸的人物,人脉非常广。

小董姐夫答应他,小董算是"技术股东",负责技术和店面的管理;小董姐夫负责出钱,并负责店面装修。两个人口头约定赚钱后五五分。小

董兴高采烈地开始了自己的事业，并且非常勤奋地工作着。仅仅用了一年的时间小店的成本就收回了，并且有了小额的盈利，姐夫直夸小董有能力。

渐渐地，小店的生意越来越好。姐姐见状，便跟小董建议开分店，自己帮忙打理。小董答应了，并且很快分店就开了起来，姐姐帮忙管理分店，但是让小董感觉不对劲，因为分店的位置很好、收入也不错，但账面流水就是增加不起来，反而账面记录的开支越来越大。小董私下找分店的员工了解过情况，员工告诉小董是他姐姐有一部分流水没入账，经常自己私自"截流"。

小董知道后很生气——自己初次创业，姐姐却这样对待他的事业，后来他找姐姐聊过几次，姐姐不耐烦地说："你姐夫投资了，我怎么不能花钱？"就这样，姐弟两个人的矛盾越来越深，姐姐的行为也越来越过分，干脆连账都不记了。

无奈之下，为了美发店的未来，小董将姐姐告上了法庭。最终，小董的合理诉求得到了维护，姐姐也不再参与美发店的任何事务，小店又渐渐恢复了往日的生气。

小董将姐姐告上法庭的做法实属无奈，因为姐姐破坏了经营的财务规则，并且多次劝阻无效——在人情背后，我们要依靠法律的公平、公正和权威来解决问题。

公平公正

法律是铁面无私的，不存在个人感情问题。因此在对事情的真像做出判断时，不会倾向于任何一方，也不会偏袒任何一方。在日常经营中，人们很难靠自己的力量解决眼前的问题时，甚至动用感情关系都无法解决时，就可以靠法律手段来解决。法律的公平、公正会给出公平合理的解答。

权威性

在生活和工作中，人们总是喜欢听权威人士的话，会把权威人士的话当成真理。法律就具有这种权威性，因为法律对所有人一视同仁、同样适用，对所有人的约束力都是等同的，它俨然已经成为一种社会制度和社会约束。因此，靠法律手段解决问题会让人心服口服。

所以，我们在经营企业时，若是遇到一些无法解决的问题，就可以通过法律这一正当途径来寻求解决，要相信法律的公平、公正。

但是，通过法律途径解决纠纷和问题需要注意一点：收集完备的资料和证据——法律只看证据不讲人情的本质决定了证据对于达成诉讼目的的重要性。比如之前一直提到的合伙之前要形成的那些书面规则就可以作为证据，此外，与诉讼事件息息相关的文本材料、音频材料、视频材料、证人等都可以作为证据出示给法官，这些都是维护企业和自身合法权益的有力武器。

案例：温氏集团立规定矩，确保合伙人利益

在众人眼里，温氏集团是一家创新基因超级强大的集团化企业，这是因为温氏集团经历了一系列的创新改革：从"公司+农户"的模式、"公司+家庭农场"以及种猪配套服务体系的建设到温氏的"三大创新"：体制创新（公司+农户）、技术创新和文化创新。

温氏集团作为一个养殖企业，从养鸡开始，再发展到养猪领域，并开始经营肉类产品及相关产品，有人说这是很"土"的一个行业，然而温氏却将这个土行业做成了闪闪发光的金字招牌。它是怎么做到的呢？

除了创新之外，温氏集团还有一处让人赞赏有加的地方：规矩立得特别及时、特别到位。我们一起来看一看。

温氏企业文化的核心关键词是"共赢"，也就是和员工、农户以及社会共赢。在这四个共赢对象中，温氏集团首先想到的是农户的利益，接下来是员工和社会的利益，最后才是股东的利益。农户与温氏其实只是一种合作关系，并不受公司的直接管理，因此农户与温氏并不存在企业管理式的关系，但在整个温氏模式中，合作农户就是公司的"员工"，也就是温氏的事业合伙人。而温氏集团保证合伙人的利益就是靠规矩实现的。

温氏的合伙制度顺利实施的前提就是有规矩。温氏的规矩特别详细，几乎渗透到了经营管理的各个角落。不仅包括分红配股这些合伙人普遍关注的规矩，更是包括了合伙过程中执行、管理的方方面面的规矩，同时也包括了合伙人退出的规矩。就是在这些规矩的指引下，让温氏用合伙制度控制了56 000个家庭农场。就拿温氏合伙人的利益分配机制来说，能从其中看出温氏对合伙人利益的保障。

长期坚持与农户"五五分成"

农户建好鸡舍、猪舍，缴纳一定的合作互助金，就可以领取鸡苗、药物、饲料进行肉鸡饲养了。温氏会在一定区域范围内设立服务中心，为每20~30个养鸡户安排一个联络员（养户管理员），为农户提供技术指导和服务，最后由温氏负责收购，农户就相当于温氏的生产车间。为了平衡温氏与下游农户的关系，温氏必须保证农户的利益，因此有了"五五分成"机制，并明确无论行业处于何种经营环境，都要保证养鸡户每只鸡有1~1.5元的获利，哪怕在禽流感的严峻形势下，这一规矩也没被破坏过。

二次分配机制保证农户年平均收益

温氏的二次分配机制是指在年终结算时，如果农户的年平均收益低于社会同行的平均利润水平，公司将以补贴形式返给农户，这样，就可以保证农户的年平均收益。无论环境怎样，农户的收益有保障，能赚到钱，其合作的积极性自然就高。

设立风险基金

养殖业容易受到自然灾害和传染病的影响。为了保证农户的利益，温氏设立了风险基金。如果农户在饲养过程中不幸遇到了洪涝、台风、疫病等灾害而影响了养殖的产量，温氏将从集团中给予农户一定的补贴，让农户不亏损。

以上温氏与农户的三重利益规矩可谓是农户利益的保护伞，有了这些条规的保护，农户的利益就可以得到有力的保障。

2013年，正值禽流感肆虐之际，有记者曾赴温氏，想看看温氏这个大企业究竟如何应对这场行业灾祸。

来到温氏，记者看到10多户养殖户正在温氏结算款项，短短十分钟的时间就有3辆农用车到温氏销售部卸货。养殖户吴某说，"虽然禽流感对养殖业有一定的冲击，但是养殖户的收入并没有受到影响，而且温氏都是按照原来的协议价回购，所以养殖户完全不用担心，放心大胆地专心做养殖就行了。"

对此，公司经理张清波说："我们按保护价收购，保证农户利益不受损。""行情好时企业蓄水，行情不好，就到了企业放水了。不能把危机转嫁给养殖户。"

温氏的这一规矩就像给养殖户吃下了定心丸，农户都踏踏实实地与温氏合作。规矩运作让温氏有了一个传说"你在清华随便遇到个老头很可能就是大师；你在温氏随便遇到个保洁可能就是个千万富翁"。

有人将温氏称为"农业里的华为"，除了两个企业都在广东之外，还因为两个企业都成功实行了合伙制度。而温氏胜就胜在用规矩保证了下游农户的利益，从而让产品供应有所保障。

第六章

选对合伙模式
是合伙成功的前提

随着合伙制度被更多的企业认可和采用，合伙模式也是层出不穷，企业的情况不尽相同，适用的合伙模式也会有所区别。"适合的才是最好的。"本章我们就来分析一些常见的主要合伙模式，通过比较其特点和优劣，为企业选择合伙模式提供帮助。

大包干承包制——让内部人员成为"包工头"

"大包干"承包制一般是指企业内部承包制，是企业依据下属单位或组织的生产经营情况，通过全面的经济核算而实现的分级分权管理的方式之一。很显然，企业的下属单位或组织，就是企业的"自己人"，是企业的内部人员，但是实行大包干承包制的企业，其内部人员就成了"包工头"。

员工变成了"包工头"，与员工成为合伙人的意义几乎是一样的，但大包干承包制也有其利与弊。下面，我们先来看看企业实行大包干承包制会得到哪些好处。

激发企业的生产活力

当了"包工头"，这个项目或任务就是自己的，要全权负责。当了"包工头"，就不能再像打工一样被动地、按部就班地、不计后果地去工作，而是要统筹好各个环节，不仅要监督工作，还要指导工作，更要对工作的结果负责。在这样一种状态下，面对承包的项目或工作，人人都会用心，各个都会尽力，从而让企业焕发新的生机与活力，推动企业生产力的发展。

分工合作，专注专心

企业下属单位或组织承包的是某个整体项目或者某个生产环节等，之后他们就会有针对性地开展工作。并且承包时也会约定一定的质量标准和工作规范，下属单位会集中所有的力量来解决承包项目的技术问题和管理问题。这样一来，将优势和力量都集中在承包的项目上，势必会使项目的完成质量更上一层。

充分放权，有利于下属单位组织的发展

在确定了承包项目的质量标准和完成日期等事宜之后，企业就要放权给下属单位了，对于下属单位完成项目的方式方法不再过问，只要下属单位能够按时保质保量地完成任务即可。充分放权就让下属单位有了足够的自主权，有了运筹帷幄的空间，更有利于下属单位形成独立、高效的运作机制。

充分发挥人才的作用

人才都有自己的专长。大包干承包制让人才的工作有了更加明确的范围和方向。在相对较小的范围内，在某个承包项目中，人才的目标会更明确，他们只需朝着一个目标前进即可，这样更有利于发挥自身的才能、提高自身的能力。

A公司是一家图书创作及销售公司。该公司有编辑策划部、销售部、财务部、客服部等几个主要部门。多年来，A公司的产品都是销售部在跑市场的过程中挖掘到需求信息，然后上报给编辑策划部，策划人员再根据销售人员的信息进一步进行市场调查，确定选题的出版价值之后再进行选题申报。可以说，编辑策划部的工作是很被动的，产品的研发一直在依赖销售部。

董事长针对这个情况想出一个办法：让编辑策划部独立运作，大包干承包公司的出版事务，要求必须按照公司的出版时间和出版质量按时交付图书。另外，编辑策划部可以承接公司之外的其他项目，自负盈亏。

自从施行了大包干承包制之后，编辑策划部改变了员工的薪酬计算方式，多劳多得，并且与部门的盈利息息相关。经过这一系列的变化和改革，策划编辑部的工作积极性飞速提升，不仅能及时完成公司的项目，而且还对外发展了不少业务，创造了不小的价值。

从此，编辑策划部的员工都打起了十二分的精神，再也没有人上班时间看视频、聊天了。大家都积极地开发资源，为部门的营收找路子。同时，对待出版事务他们再也不是走流程，而是集思广益，将产品做得越来越好。

A公司将出版事务承包给编辑策划部，让编辑策划部当了出版项目的"包工头"。人人都想赚钱，而且多发展业务就能多赚钱，谁不想抓住这样的机会呢？

可见，大包干承包制的确有一定的好处，但是大包干承包制也不是完美的，会存在一定的瑕疵。比如：会存在短期行为与长期发展的矛盾；会产生公司利益与个人利益的矛盾等。

综合来看，我们还是要根据大包干承包制的利弊，再结合企业自身的情况来判断企业适不适合这种合伙模式。

虚拟受限股权——让人才不再是"打工仔"

股权激励的巨大作用已经广为人知。虚拟受限股权就是股权激励的方式之一。不难理解,虚拟受限股权有两层含义:首先,这种股权是虚拟的,不是真实的;其次,这种股权会受到一定的限制。

为了激励员工,企业可以授予激励对象一定数量的虚拟受限股票,让激励对象据此享受一定数量的分红权和股价升值收益,但是虚拟股票的持有者没有股票的所有权和表决权,也不能转让和出售股票,在其离开企业时,这种股权就会失效。

2017年在新三板上市的中赞国际发布了一则对核心员工施行虚拟股权激励的公告。根据这则公告我们可以看出,中赞国际要激励的不是公司股东,而是在公司正常工作的正式员工。当然,中赞国际的员工要想获得虚拟受限股权也要符合下列条件之一:

担任公司经营管理层职务;

担任公司职能部门正职职务;

担任公司生产部门副职及以上职务;

持有国家注册资格证书并已注册到公司；

经公司董事会研究确定特殊需要的。

当然，职级不同，被授予的虚拟股权的数量也会有所区别。而且，要想获得中赞国际的虚拟受限股权，员工必须出资购买。如果生产部门管理人员未能完成本单位年度经营目标，激励对象就不能享受当年虚拟股权现金红利。

此外，中赞国际的虚拟股权激励方案显示：激励对象购入虚拟股权时，购买价格为公司上年末经注册会计师审计的合并会计报表每股净资产。激励对象购入虚拟股权时，每股仅需支付现金1元，未支付的部分，在激励方案5年存续期满后，公司回购时，从公司应支付激励对象的回购价款中扣减。虚拟股权现金红利在年度股东大会审议通过《利润分配方案》后3个月内发放（如有）。

从中赞国际实施虚拟受限股权的案例中我们可以看出，虚拟受限股权已经受到了上市企业的青睐，其对员工的激励作用自然不可否认。企业为了激励员工，制定一定的规则和条件授予被激励员工一定的虚拟受限股权，这样就可以将员工和企业紧紧地绑在一起，让得到虚拟受限股权的员工觉得自己与企业是一个命运共同体，自己是企业的主人而不再是"打工仔"。那么如何通过虚拟受限股权来激发员工的工作积极性呢？

掌握激励的时机

在必要的时候用虚拟受限股权对员工进行激励是很重要的。比如，在员工对物质奖励、精神奖励已经麻木的时候，在员工有很强烈的自主创业欲望的时候，在想要留住核心人才的时候，都可以尝试用虚拟受限股权激励员工。

制定好规则

无论何种情境,规则都很重要。事先制定好虚拟受限股权激励的进入规则、分配规则、回购规则,能让这种激励方式更好地施行开来,能对员工起到更好的激励作用。

抛开个人感情,公平公正

虚拟受限股权既然是对员工的一种正向激励,就是与个人利益有关的事情,因此,在实施虚拟受限股权制度的时候,一定要抛开个人感情,要做到公平、公正、不徇私,只有这样才能保证该得到激励的人能得到激励,而不让那么滥竽充数的人也得到同样的待遇。公平公正的执行才能让虚拟受限股权发挥最大的激励作用。

当然,虚拟受限股权也并非万能的,它本身也存在一定的弊端:虚拟受限股权会让持有人过分地关注短期的分红利益,而忽略了企业的长期利益。再者,这种模式会让企业的分红意愿更加强烈,如果不加以控制或采取合理的措施,就会让企业的现金流出现问题。

所以,虚拟受限股权也有一定的适用条件,不能看到其他企业用这种模式产生了神奇的效果就盲目地用这种模式来"救命"。企业需要充分认识虚拟受限股权能带来的好处和存在的弊端,结合企业的自身情况来衡量这种模式的适用情况。

有限合伙制——开放平台、网罗高素质人力资本

现实中,我们常常听说股份有限公司,也听说过有限责任公司,这里我们还要说说有限合伙制。三者都是"有限的",其中的"有限"都是指承担有限的责任。

有限合伙制是指一个以上的合伙人承担无限责任,在此基础上允许更多的投资人进入而承担有限责任的经营组织。有限合伙制公司由普通合伙人和有限合伙人组成。普通合伙人是企业真正的管理者,既要出资又要负责企业的经营管理,并要承担无限责任。有限合伙人是纯粹的投资者,不需要参与企业的经营管理,按照其投资的金额承担有限的责任。

有限合伙企业将全部收益分配给合伙人之后,再由合伙人按照一定的边际税率纳税,这样就避免了公司制的双重赋税,因此,有限合伙企业并不是所得税的纳税义务人,这也是有限合伙制备受青睐、发展迅速的原因之一。

2017年6月22日,朗姿股份的全资子公司芜湖恒鼎与宁波晨晖签订了一份有限合伙协议。芜湖恒鼎作为有限合伙人,出资240万元人民币,合作

设立芜湖晨鼎投资管理合伙企业。宁波晨晖则作为普通合伙人，出资260万元人民币。

芜湖恒鼎之所以选择宁波晨晖进行有限合伙经营，就是为了借助宁波晨晖在时尚产业消费升级投资领域的专业经验和视角，就是为了挖掘与公司业务有更多协同关系的时尚消费领域的产业资源，从而实现公司新的利润增长，提升公司的竞争力和发展实力。

前景一片光明，但风险也不能忽略。对合伙企业来说，宏观经济环境、投资标的经营管理、交易方案等都会导致投资和运营风险的发生。当然，针对这些情况，芜湖恒鼎和宁波晨晖都会有所准备、有所防范。

芜湖恒鼎的独立董事对本次合作投资事项按照有关规定履行了必要的审议程序，一致认为通过借鉴合作方的专业投资经验合作设立合伙企业不会对公司的主业和日常生产经营造成不利影响，而且有利于加快公司的发展，有利于公司和全体股东利益。

芜湖恒鼎和宁波晨晖的有限合伙经营之所以得到了一致的认可，不是合伙双方拍脑袋决定的，而是经历了严格的论证和审查。合伙双方之所以选择了有限合伙的方式，那是因为这种模式与二者合伙的内容和初衷非常契合，有着巨大的优势。

有效的激励

有限合伙制成功实现了合伙双方的利益捆绑。通过出资、出力的分工，以及良好的利益分配机制，让合伙双方能够紧紧联系在一起，互相取长补短，从而实现共赢。这是一种有效的激励机制，能让合伙双方放下对立竞争或者行业的芥蒂，真正心甘情愿地贡献自己的优势资源，为了共赢而努力。

有力的约束

在有限合伙制中,对合伙人的约束有以下几个方面:一是普通合伙人对有限合伙人的约束。普通合伙人对合伙企业有经营管理权,对债务同样有连带责任,这样就极大地避免了管理者的道德风险。二是普通合伙人必须努力保持自己的声誉,不断地创造成功事件才能彰显自己的能力,从而吸引更多的投资。三是普通合伙人需要定期向有限合伙人报告合伙企业的运营情况,这在一定程度上也会约束合伙人的行为。

降低风险

私人权益资本市场具有高度的信息不对称性和不确定性,这也会引发一系列的风险,而有限合伙制能通过一系列的激励机制和约束机制,将各方的权力、责任和利益划分清楚,让各方的利益都有所保障,从而降低有限合伙经营风险的发生。

降低成本

有限合伙制在降低成本方面的突出表现主要有两个方面:一是开头所说的有限合伙不是纳税主体,无须就盈利缴纳所得税、利得税或其他税,减轻了合伙经营的税务负担;二是可以节约管理费用。有限合伙协议是一种自由合同,当事人可以通过协商约定双方都满意的权利义务条款,从而事先控制管理成本。

实现人才的最佳组合

有限合伙一般是一方有着雄厚的资金实力,对有技术、懂经营的人才望眼欲穿,而有技术懂经营的一方又有很大的资金需求,双方正好互补组合,能够建立亲密的合作和信任关系。普通合伙人参与管理,避免了共同管理的职责混乱,因此说,有限合伙制实现了人才的最佳组合,且权责清晰。

从有限合伙制的优势来看，有限合伙就是一个开放的平台，除了一个以上的合伙人来承担无限责任，其他符合条件的投资人均可以进入并承担有限的责任，这对吸纳人才来说是十分有利的。并且，有限合伙制的低成本和单方管理的优势也是人才青睐的模式，这也使其成为网罗高素质人才的资本。

创新个人合伙制——多维一体，开放协同

这是一个大众创业、万众创新的时代，不只是技术技能要创新，合伙模式也要创新。如今已经是80后、90后的天下，传统的合伙模式可能已经让这一群体觉得不太适应了，他们需要创新，需要与这个时代相吻合的合伙模式。

创新的依据就是当今市场的形式、未来市场的变化趋势，以及当前创业者和消费者的心理需求，只有这样才能打造出完美的创新个人合伙制。而创新个人合伙制能更好地为合伙人带来发展前景和发展机遇，能更有力地增强市场活力。

近年来出现的创新个人合伙模式主要有两种，一是多维一体的合伙人模式，二是开放协同式的合伙制。

多维一体的合伙人模式

前面我们所讲的"众筹+合伙人"就是一种二维一体的合伙人模式。实践表明，这种模式是成功的，得到了市场的肯定与支持。但是当今的创业者并不满足于这一创新，随着"互联网+"深入生活的各个领域，合伙人模式正在朝着多维、立体的方向发展，而且受到年轻创业者的热捧。

O2O+C2B+众筹的合伙人模式已经诞生，这是一种三维的、更加立体化的合伙人模式，更好地打通了线上线下的渠道问题和资源问题，真正让消费者和企业互动起来，用众筹吸引合伙人的加入和消费者的青睐，这样的合伙模式在市场竞争的洪流中，更有重心、有竞争力。

开放协同式的合伙制

开放协同式的合伙制主要是从股权和控股方面来进行设计的，是建立在开放式的协同创新基础上的合伙制。这种模式能更好地吸引创业者和投资者加入，同时也能给整个行业和消费者带来更多的利益。在万科的合伙制度之中，开放和协同就是两个很重要的点。

用专业人士的话来总结，万科的合伙制度有五大要点：跟投规则、激活团队、文化机制、正能量、合伙人升级。这五大要点当中，就包括了开放和协同的属性。

万科合伙制度的协同性主要体现在部门协同上。在合伙制度的基础上，万科的部门之间不再扯皮、不再互相推卸责任，而是互相提醒、互相帮助，联合起来共同寻找解决问题的最佳办法。比如在设计、采购、施工的协调关系上，各部门之间不再死守之前只顾自己部门利益的原则，现在出现了成本、质量、施工难度和工期的问题，几个部门会在一起进行协商，从而寻找最佳的解决问题的办法。

这样的部门协同可谓是"爽极了"，不仅让问题得到了有效解决，而且提高了工作效率。

万科合伙制度的开放性体现在企业文化上。万科合伙制度的文化机制主要定位为信任、协同、去中心化。在实行合伙制度之前，万科一直信奉精英文化。如今的万科则要去精英化，实行合伙制度，这就意味着合伙人也没有了高级和低级之分，开始实行去中心化的扁平管理。而信任和协同是去中心化的基础，信任、协同和去中心化共同促成了万科"失控"式的机敏和开放。

万科合伙制度的成功不是偶然，而是基于开放和协同的合伙制真正发挥了作用。无独有偶，英特尔在合伙人模式上也推崇创新的合伙人模式。

早在2013年，时任英特尔研究院副总裁的王文汉就表示：智能微型设备、大格局计算以及更好的用户体验，已成为当时硅谷创新的三大潮流。但是技术创新所面临的机遇和挑战并非一两家大公司能够独自面对或把握的，要取得技术创新的突破性成果，惟有依靠政府、厂商、学界及各大研究机构的紧密合作，协同创新。英特尔高管对合作、合伙形式的认识并不是当时的主观臆断，早在两年前英特尔研究院就开始尝试与世界顶级学术机构研究人员建立直接合作关系，通过类似"合伙"形式的协同创新，甚至采取开放知识产权的模式，让英特尔在全球有了更多的"创新合伙人"。

英特尔的这种合伙模式非常独特。首先，这些科技中心的资金由英特尔提供，但由英特尔的研究院与大学的科研骨干共同主导。其次，开放式的国际合作模式支持各国的学术伙伴共同工作。最后，开放式的国际合作模式使其研究成果通过一定的渠道开放给公众使用，同时欢迎社会各界主动提交科研项目，为英特尔提供新的研究方向。

英特尔的协作创新的开放的合伙机制，让英特尔和研究人员充分受益，也造福于高新技术行业和社会的发展进步。英特尔的合伙发展思路，同样值得创业者和企业经营者借鉴。

科技在发展，社会在进步，人们思想观念的转变和社会发展需求势必会催生合伙模式的创新。我们在借鉴已有合伙模式的同时，要坚持创新原则，从而不断开创新的合伙模式，使之更加适应社会的发展和人们的需求。

控制公司的合伙模式——间接得到公司控制权

控制公司的合伙模式的出现源于企业为了资金需求而不断融资，结果就因此而稀释了股权，甚至会失去了对企业的控制权的情况。针对这一情况，企业的创始团队要想把握住对企业的控制权，并保证原始创业理念的传承和延续，就发明了控制公司的合伙模式。

控制公司的合伙模式并不是传统法律意义上的合伙制度，而是有所区别的。这种合伙模式可以保有原始合伙人在重大事宜上的决策权和对企业的控制权，避免对企业失去控制的"心痛"。

原始合伙人不想因为融资让自己的股权被稀释，就要实现从资本融合到合伙人融合的转变，通过这种转变逐步实现企业核心的物质资本和人力资本的有效结合。这样一来，企业的发展不再依赖于资本的拥有量，而是通过合伙团队实实在在的控制权保证企业经营理念和文化内涵的传承。

说到此处，大家一定想到了阿里巴巴的合伙模式。没错，阿里巴巴合伙模式正是一种控制公司的合伙模式。

万科并不是第一个挑战传统管理制度、开启合伙人时代的企业。相比于万科，阿里巴巴的合伙制度实践更为大胆。阿里通过构建凌驾于董事会之上的合伙人，让管理层实现了对公司的控制权。

阿里巴巴的合伙制度非常独特，这一制度曾经制约了阿里巴巴在港交所的上市计划。仔细阅读阿里巴巴合伙制度，我们就可以发现阿里是通过制度安排来有效掌控公司控制权的，进而保证了创始人和管理层的权益，并保证了公司文化的传承。阿里合伙人对公司的掌控主要体现在董事提名权和董事任命权两方面。

根据阿里巴巴的合伙制度，阿里合伙人享有提名过半数董事会成员的专属权，也就是说被提名的董事必须在每年的股东大会上得到半数以上的投票。

如果阿里合伙人提名的董事没有获得股东大会的选举，或者在获得股东大会选举后不管因为什么原因离开了董事会，阿里合伙人都有权任命另一个人作为临时董事填补空缺。无论何时何因，董事会成员由阿里合伙人提名或任命的合伙人不足半数时，阿里合伙人有权任命额外的董事来确保"半数规则"。阿里巴巴合伙人就是这样拥有了超越其他股东的董事提名权和任免权，通过这样的方式控制了董事人选，也就控制了公司的经营运作。

此外，阿里巴巴合伙人与主要股东软银、雅虎达成了一整套表决权拘束协议，以进一步巩固合伙人对公司的控制权。同时，阿里合伙制度也反映了阿里在有意识地贯彻以合伙人治理为核心的统一且发展的企业文化，而保持阿里的文化传承就是保持合伙人对公司的控制权。

也就是说，无论阿里其他股东及其持股比例如何变动，只要阿里合伙人持有公司股份，就不会丧失对公司的控制权。

阿里合伙人对公司的控制权在很大程度上是通过提名董事进入董事会来实现间接控制的。阿里创始人成功地进行了公司的治理创新，同时阿里的创新也会给企业界带来更多的思考和启示。

2017年，在《赢在中国》的一期节目中，李书文获得季冠军，马云曾对其进行点评："你刚才讲到风险投资，如果给你投钱，你会让资本说话。我的建议是，永远不要让资本说话，让资本赚钱。让资本说话的企业家不会有出息，最重要的是你让资本赚钱，让股东赚钱。如果有一天你拿到很多钱，你坚持今天的原则，做你认为可以赚钱的，我相信有一天资本一定会听你的。虽然没有掌握控股权，但能让资本者们赚钱，他们还是很高兴的，因为自己选对了投资对象。"

马云的这一席话，可谓道出了控制公司合伙模式的本质。有企业家精神的人能否控制企业是评判企业治理结构好坏的关键标准之一。创始合伙人创立企业就是要创造价值的，而企业家就是实现企业经济增长的永动机。好的企业治理结构必须同时解决经营者的选择问题和激励问题，既要保证企业家对企业的控制，也要保证股东的利益。

案例：任正非如何玩转华为股权控制

在华为深圳总部的一间密室里，存放了10本蓝色的册子。这些册子上，记录着约9万名员工的姓名、身份证号码等个人信息。根据华为的"员工股票期权计划"，册子中的员工几乎持有华为99%的股份，仅剩的1.01%的股份为华为总裁任正非所持有。

股权结构之谜

华为99%的股权被员工通过工会持股会持有，员工持股的数量多得惊人。按照传统规律，持有股份多的股东就拥有对企业的控制权，但是在华为不是这样，任正非的股权虽然没有绝对优势，但他依然实现了对华为的良好控制，他是怎么做到的呢？

华为的工会委员会作为员工持股的统一管理平台，这个平台选出了51个员工代表，并在此基础上推选出17人的华为投资控股有效公司董事会成员团队。而且，工商局登记资料显示，华为的股东有两个：工会委员会和任正非，工会委员会出资比例为98.99%，任正非出资比例为1.01%。

从这种股权架构来看，任正非为华为的普通合伙人，也是实际的公司控制人；而工会委员会就是前文所讲的有限合伙人，对公司没有管理经营权,也就是没有控制权,只是为持股及事业合伙人提供平台。从这一点上来说,任正非虽然只有比1%略多一点点的股份,但其拥有对公司的绝对控制权。

而华为投资股份有限公司的子公司华为技术有限公司,是由母公司100%控股的,虽然法人代表是孙亚芳,但是依然不影响任正非对它的完全控制。

一票否决权

下面我们再来说说华为的一票否决权。在华为,这个一票否决权无疑是属于任正非的,也让任正非对华为的控制得到了加强。

华为被任正非严格把控,或者几乎可以说是独裁。他不仅将华为上上下下打理得井然有序,而且还将华为发展成为世界500强企业,而华为的员工还激情满满、斗志昂扬,毫无怨言、这才是叫人称奇的地方。

虚拟受限股权

华为员工持有的是虚拟受限股权。也就是说,员工可以获得这些股权的收益和分红,但是没有表决权和对公司的控制权,也没有对股票的处置权。即便是这样,华为对员工的重视程度以及华为员工的福利待遇在全国来说也算是数一数二,因为他们靠着自己的努力得到了公司股权,也就是得到了公司的认可的,同时可观的股权分红收益也让他们有了足够的优越感和对华为的忠诚度。即便华为员工没有实实在在的对公司的控制权,但他们在任正非的带领下依旧有着美满富足的生活,这就够了。

时间单位计划

2013年,华为又推出了TUP计划,也就是时间单位计划。这一计划依然属于虚拟股范畴,员工仍然可以借此获得分红权和股价增值收益。我们可以看一下华员工的收益情况:

2014年,华为为激励某员工给其配置1万股虚拟股,当时股票价格为5元/股,当年没有分红权。

2015年,此员工可以获取10000×1/3的分红。

2016年,此员工可以获取10000×2/3的分红。

2017年,此员工可以全额获得分红权。

到2018年,此员工不但可以全额获得分红权,同时进行股票值结算。如果2018年股票价格为8元/股,则第五年该员工能获取的回报是:2018年分红+10000×(8-5)。到2018年年底,这10000股将进行清零。

华为的合伙制度就是这样得人心,既保留了任正非对公司的控制权,又让公司上下甘心臣服。这便是华为合伙制的高明之处。

华为的合伙制引起了全世界的瞩目,大家纷纷学习和研究。华为的合伙制度也有一定的独创性,并且华为的利益分享机制一直在根据外部环境和公司发展的变化而变化,就是这样,华为才成了西方同行巨头最尊敬的敌人。

第七章

利益分配公平到位，才能让合伙更长久

在生活中，人们往往是只能同甘不能共苦；但在生意场上往往是大家一起赚钱容易，但赚到钱后的利益分配却成了难题，很多时候，合伙人会因为利益分配的问题反目成仇而散伙，因此，实行合伙制必须保证利益分配公平到位，这样才能让合伙更长久。

股权激励成为合伙制的"永动机"

有句话说得好:"世界上没有绝对懒惰的人,只有令人懒惰的制度。"如果你的企业合伙人开始出现了懒惰消极的情绪,不要着急用绩效和收入去威胁他,先看看企业的制度是不是出现了问题,因为合伙人的消极情绪很大程度上反映了其对企业制度的不满。

那么怎样才能让合伙人一直保持创业之初的高涨激情呢?不同的企业尝试过不同的方法,但是有效的方法都有一个共同点,那就是让合伙人在企业找到强烈的归属感,让合伙人深刻领会到企业利益与个人利益息息相关,让合伙人清楚地看到他与企业是一体的。

股权激励不失为一种行之有效的合伙人激励方式。股权激励的有效性主要表现在以下几个方面:

稳定合伙人队伍

股权激励是一种长期激励,通常情况下,持续时间越长,被激励的合伙人得到的利益越多。能收获多少利益往往是合伙人最关心的问题,因此,为了获得更多的利益,合伙人也会忠于企业,长期为企业服务,长期为企业的发展贡献力量。这样就会让企业的合伙人队伍趋于稳定,也会让企业的发展保持稳定。

提高合伙人的积极性、创造性

合伙人的利益与企业的利益是息息相关的,企业的收益好,合伙人得到的利益就多。这是每个合伙人都明白的道理。同时合伙人也很清楚,如果他们都消极懈怠,不关心企业的发展和利润创造,一旦企业出现颓势,自身的利益也会受到直接影响。因此,无需多说,合伙人就会将自己的精力尽可能多地投入企业,不断提高合伙人自身及团队的积极性和创造性,从而保证企业的收益,也保证自身的利益。

对合伙人的强大约束力

企业实行合伙制就会有一定的合伙规则和企业运行规则。这些规则是维持合伙团队良好合作和企业高速发展的基础保障。如果有人破坏这些规则,企业的发展也会受到影响。因此,对于企业的一些规则,合伙人必须严格遵守,从而让企业保持良好的运行秩序。企业的股权激励也能对合伙人产生强大的约束力。

据有关机构统计,2016年全年,在新三板挂牌上市的294家高新技术企业披露了315个包含员工持股计划在内的股权激励方案,江苏帕卓管路系统股份有限公司就是其中之一。

江苏帕卓管路系统股份有限公司自创立以来,经营状况良好,公司发展迅速,在保持原有的工业胶管相关业务的基础之上,又不断发展了风能水冷机、风能焊接技术产品等研发项目,帕卓管路于2015年8月在新三板挂牌上市。

帕卓管路是一家高新技术型企业,因此通过培训和外聘而组成的技术团队是其核心所在,也是构成帕卓管路核心竞争力的关键。人才的流失对帕卓管路几乎是致命的，不但造成人才的浪费，还会造成技术泄密，为了尽量规避这一问题，帕卓管路于2016年2月由临时股东大会讨论并审议通过了针对一名核心高管以及针对公司管理层和老员工的两套股权激励方案。

帕卓管路此次股权激励向在公司或子公司连续工作年限1年以上的员工授予限制性股票，向在公司或子公司担任中层管理及以上职位的管理层人员授予股票期权。此外，公司还单独对一名公司副总经理，通过转让有限合伙持股平台份额的方式，以同样价格额外授予30万股限制性股票，约占公司总股本的1.36%。

上述案例中，帕卓管路的股权激励方案有着严密的规则和逻辑，也设立了一定的业绩考核指标。帕卓管路在分配股票授予额度时从公司实际需要出发，紧密围绕"稳定公司专业人才与核心团队"的目标制定股权激励规则，不仅引导员工长期地为公司服务，促进团队人员稳定，而且能够引导员工关注对公司的价值创造，使股权激励最大程度地为公司发展提供助力。

可以说，股权激励就是让合伙人成为"永动机"的动力之源，企业可以结合自身的实际情况制定具有特色的股权激励计划，不断地为合伙人加油打气。

股权分配规则尽早落地

在合伙赚钱之前,对于股权分配的问题就要落实规则和机制;股权分配问题是利益分配问题的一部分,而现实中因为利益分配问题闹到法庭甚至散伙的案例数见不鲜。我们先来看看国美电器黄光裕与永乐电器陈晓之间的故事。

2006年6月,国美电器老板黄光裕收购了永乐电器,原永乐电器老板陈晓则进入国美电器担任总裁。2009年,因黄光裕被拘,陈晓开始了国美的"去黄化",随着黄光裕的判刑,黄光裕和陈晓的股权之争也拉开了序幕。

在此之前,黄光裕持有国美电器33.98%的股份,陈晓持有国美电器1.47%的股份,为了激励管理层,陈晓提出股权激励的方案和增持股份的方案,但是并未得到黄光裕的同意。2010年8月至2011年3月,黄光裕和陈晓大概经历了六个回合的较量:

2010年8月4日,黄提出举行临时股东大会,要求撤销陈晓的职务,并更换执行董事。2010年8月5日,国美公告将起诉黄光裕,并反对黄光裕的要求。

2010年8月9日,黄的亲属出面指责陈晓。2010年8月12日,国美高管表态支持董事会。

2010年8月9日,黄公开指责陈勾结外资,企图让国美电器变成"美国电器"。2010年8月19日,国美解释了引入外资的原因、股权激励的原因等问题。

2010年9月3日,黄增持国美股份,他持有近36%的国美股份。2010年8月24日,陈率国美高管到英美进行增发股票路演。

2010年9月15日,黄通过代理人释放信号:"只反陈晓,不反贝恩",黄的股权被稀释到32.47%。2010年9月16日,第二大股东贝恩表示将支持国美董事会和管理层。

2010年9月28日,黄陈股权之争进入了大决战,这一天的股东大会除了撤销增发股票的提议获得通过之外,黄的其他请求均被驳回,而陈得以留任董事局主席,但无法增股配股,也无法分摊大股东股份。

2011年3月,张大中出任国美电器董事会主席,陈晓则辞去这一职位。

黄光裕和陈晓的股权之争可谓是惊心动魄,至今仍会让很多人引以为戒。黄光裕锒铛入狱也许只是陈晓增持股份方案的一个借口、一个导火索,但归根结底这场股权之争还是因为国美收购用了永乐电器之后没有解决好股权分配问题而导致的,假如当年黄光裕采取一定的措施改变公司的股权分配策略,陈晓可能就不会与国美电器有直接关系了,也就避免了这样的股权之争。

由此可见,股权分配的规则对企业的控制权来说至关重要,要想抓住对企业的控制权,股权分配的规则还是尽早制定为宜。

先做"坏人"再做"好人"

对于合伙创业或经营企业来说,在合伙之前一定要把规矩说清楚,特别是股权分配的问题。股权分配问题涉及到谁是这家企业的掌门人、需要付出怎样的代价获得怎样的收益和回报等,股权分配规则清晰,在合伙初期就达成了一致认可,等到利益分配和权力分配时就有了一定的标准和依据,破坏规矩就要受到相应的处罚。

创始人的一股独大

很多企业的创始人会觉得自己对创立企业的贡献不可磨灭,理所当然要拥有最多的股份,至少要与其他合伙人拥有同样多的股份,要么自己当"老大",要么一起当"老大"。但如果创业合伙人都有这种想法,那么日后企业光是争权夺势就吃不消了。

企业中只能有一位"老大",通常情况下,创始人在创业过程中贡献最大的股权就最多,这是股权分配中的普遍适用原则,也是大家公认的原则。

绑定股权,设定兑现规则

绑定股权有一定的好处,可以防止合伙人中途退出;创始合伙人可以签订股权合同,但是这个合同会规定合伙人必须在企业服务的年限,而且会规定随着合伙人在企业服务时间的延长,将获得一定数额的股权增持,这样,当合伙人服务一定年限的时候,就会获得相应数额的股份。

这是一种强有力的约束,合伙人会考虑到自身的利益而遵守合同约定,从而保持创始合伙团队的稳定性。

总之,提前制订股权规则的好处多多,也是非常必要的,因此,在合伙经营之前将股权分配的规则定好并与合伙人达成一致,才更有利于创始合伙团队的凝聚、团结、稳定。

合伙制不能按出资多少论资排辈

股权分配和利益分配的依据和原则有很多，只要合伙人达成一致和认可，就能够实现股权和利益的合理分配。在股权分配和利益分配的众多依据中，按出资多少论资排辈是一种简单的股权分配模式，这种股权分配模式在传统企业经营中很常见，但是随着企业经营理念和模式的变化，它已经无法适应当今的市场了。

创业初期的股权分配原则

创业初期，按照出资比例来进行股权分配的情况较为常见。因为在创业初期，很难界定谁对企业的贡献大，谁给企业的发展提出了切实有效的好点子，谁的管理方式让企业运营秩序井然……面对这些模糊的情况，相对来说，出资多少是最清楚的，是大家有目共睹的，因此，按照出资的比例来分配创业的股权是比较合理的。

避免股权分配中的"时间错位"

随着企业的发展和利益的产生，一些创业团队会根据当下合伙人对企业的贡献来评估其未来能为企业带来的收益，然而，这样的判断存在一定的偶然性，未来的事情既然还没有发生，那谁也不敢保证预期的收益能够实现,如果以当下合伙人对企业的贡献作为其持股数量的依据,那就可能出现股权分配中的"时间错位",让股权分配不尽合理,有失公平。

股权分配要注重激励

阿里巴巴、京东、华为都是注重用股权激励员工的企业。阿里巴巴创办8年就有65%的员工受到公司的股权激励,京东员工持有的股权已超过刘强东个人持有的70%,华为的员工持股计划更是让人称赞。股权激励不仅是要激励员工的士气,更是要将员工凝聚在企业周围,让员工把企业当成自己的家,因此,在股权分配中,适当的员工持股就会起到很大的激励作用。

2016年8月19日,腾讯3次增持京东股票之后持有京东21.25%的股票,成为京东第一大股东。而京东刘强东持有股份18.2%,只是京东的第二大股东。但是按照协议,腾讯把其持有的京东股票的投票权的17.25%交给了刘强东,于是刘强东的投票权超过了80%,而腾讯只持有4%的投票权。

按照出资比例来说,腾讯是京东的第一大股东,但是它并没有真正操控京东。而刘强东虽然只是京东的第二大股东,但是他却是京东的真正掌控者。显然,京东的股权分配并不是按照出资的数额来定的。

为什么会出现这样的情况呢?这是因为随着企业的发展,钱已经不能成为制约企业发展的最关键因素,而最大股东未必就会对企业形成专治。就像苹果、阿里巴巴、小米等互联网企业都有明确的最大股权,但这些企业可以通过AB股计划、事业合伙人计划等来确保对企业的控制。

一味地按照出资多少论资排辈,只能让有钱人受益,而让有能力的人受到冷落。这才是不公平的。钱多的人未必有经营的头脑，未必能把企业带向正确的方向，而有技术有智慧的人未必能有那么多钱投资企业，如果按照出资多少来排辈分，他们或许只能做个小头头，也未必能拿到与其技术和智慧贡献相匹配的收益和待遇。因此说，不能再按照出资的多少来论资排辈。

钱不是万能的，还要满足合伙人的精神需求

虽然商人不做赔钱的买卖，没钱赚的生意没人去做，但钱也非万能的。

合伙人为企业服务，他们除了赚钱满足生活的物质需求之外，还会有一定的精神需求，合伙人的精神需求主要表现在以下几个方面：

成就感

合伙人服务于企业，同样需要一定的成就感来支撑自己。成就感会让合伙人动力十足、激情满满。要想让合伙人有成就感，就要跟据合伙人的才能和性格特点为其安排合适的职位，配置合适的权力，让他们能在一定的岗位上找到自身存在的价值，取得一定的成绩，这样他们才会更有信心和热情。

被尊重

由于个人阅历和思维方式的不同，合伙人往往对事物会有不同的看法和判断，其主观意见可能在其他人看来是有疏漏的，甚至是"可笑的"。然而，合伙人也需要得到其他人的尊重，只有得到了他人的尊重，他们才敢于开口表达自己的观点。也许他们的意见并不那么完美，但至少会开阔其他合伙人的思路，对企业的发展会有一定的指导作用。

被赞美

人人都渴望得到他人的赞美和肯定，合伙人也不例外。赞美和肯定就是合伙人在企业继续服务的精神动力。一个处处不被人看好、处处被人否定的合伙人是很难在企业坚持下去的，因此，多赞美合伙人的长处和贡献，他们就会觉得自己对企业来说是有用的，自己应该对企业负责任，这将提高合伙人对企业的忠诚度。

宽容错误

人非圣贤，孰能无过？即便合伙人是全世界公认的人才，可能也会偶尔犯错，如果其他合伙人不能宽容某个合伙人的错误，而对其错误严厉指责，或者长时间揪着他的错误不放，就会让犯错的合伙人受到打击，使其自尊心受到伤害。渐渐地，"受伤"的合伙人的积极性就会消退，不会再对企业做出更多的贡献。

C企业是一家小型的软件开发企业。周某凭借技术过硬、职称够高而成为C企业的技术合伙人，企业正式运营后，C企业软件开发的重任就落到了周某的肩上。有一次，C企业承接了一个大项目，周某是项目的负责人。这个项目有一定的难度，为了按时保质保量地完成任务，周某夜以继日地在公司工作，项目开发取得了阶段性成功之后，其他合伙人不仅没有表示祝贺和关心，反而调侃起周某胡子拉碴的遭遇。

周某有些郁闷，晚上下班在楼下餐厅一个人喝闷酒，正好公司前台的小王也在，于是两人聊了起来。周某借着酒意向小王倾诉了自己的不快，抱怨自己工作的辛苦和合伙人的冷嘲热讽。小王一边安慰周某，一边心里盘算着把这事向领导反映。

很快，C企业的上层领导得知了此事，并采取了一些措施。大家纷纷意识到了自己的错误，觉得周某如此辛苦地为了公司的利益而奋斗，不仅没关心他、没尊重他，反而调侃他，这确实不对。

第二天一大早，其他合伙人便来到办公室，布置了场地为周某取得阶段性成果表示祝贺和鼓励，同时，公司为员工配备了咖啡、酸奶、水果、茶点等福利，向在项目中辛勤工作的有关人员表示慰问。

周某得到了大家的认可和鼓励，干劲更足了，并提前完成了项目开发工作，得到了公司客户的认可。从那以后，企业中再没有无聊的调侃了，而是互相鼓励、互相帮助。C企业很快就壮大起来。

案例中，周某因为其他合伙人的调侃而情绪低落，差点影响项目的开发。幸好小王及时向上级反映了这一情况，让其他合伙人意识到了错误并及时纠正，才让周某重拾信心。如果周某一直得不到其他合伙人的尊重和肯定，可能就会自暴自弃，甚至离开C企业。

可见，合伙人除了对金钱有需求之外，精神方面的需求也不可少。企业要注意关注合伙人的精神需求，利用合适的时机满足其精神需求，这比高薪和好福利的激励作用更为明显。

综合考量合伙人的贡献，留足调整空间

凡事都要留有一定的余地，股权分配和利益分配同样如此。企业在进行股权分配和利益分配时，要预留一定的股权，以此来应对新合伙人进入、合伙人退出、股权激励以及股权调整等情况。

在分配股权和利益时，要综合考虑合伙人的贡献，以合伙人的综合贡献为依据进行股权分配和利益分配更能稳定合伙团队的人心。在考量合伙人贡献时应该注意以下几点：

避免"时间错位"问题

这一问题在前文中我们已经讲过，此处不再重复。在考量合伙人对企业的贡献时，既要看当前合伙人给企业带来的贡献，又要预估未来合伙人能给企业带来的贡献，而不能一味地以合伙人当前对企业的贡献来评判。

综合评估合伙人优势

项目不同，合伙人在该项目上表现出的优势和贡献也就不同。企业应该综合评估合伙人的优势，比如，有的项目只需要资金，不需要技术，那么资金投入较多的合伙人更有优势；有的项目，需要创意，不需要技术，那么具有创新意识和创意头脑的合伙人更有优势；有的项目以推广为重，

那么具有市场资源的合伙人就更有优势。针对合伙人的这些优势进行股权分配和利益分配，显得更加公平公正。

综合评估合伙人在各个阶段的作用

每个合伙人擅长的领域和技能不同，在项目启动、测试、推出等阶段的作用和贡献也就会不同。针对这样的情况，股权分配可以考虑不同的工作阶段中合伙人的作用和股权，进行动态的股权和利益分配。这样的分配方式更能调动合伙人的积极性。

律师事务所的高薪是吸引人才的关键之一。然而，高薪并不是全部，对于不同"年级"的律师，律所考虑的因素还是不一样的。随着海问律所成为第六家中资"2万元俱乐部"，"好"律所之谜渐进明朗，海问律师所的飞速发展与其"年级制"不无关系。其年级制概括如下：

对于0~3年级的律师来说，找到好的师傅和平台，学习、锻炼业务技能是最重要的，他们得到的利益能够解决温饱问题，他们最担心的其实不是拿多少钱，而是未来的职业发展潜力和上升空间。

对于3~8年级的律师来说，他们已经具备了独立办案的能力，考虑更多的是如何找到更好的平台，拓展案源，学习管理、营销、演讲等技能，下一个目标就是晋升为合伙人。

对于8年级以上的律师来说，他们通常都已经是合伙人，考虑的就不仅仅是自我的收入，还有整个律师事务所的管理和运营。

因此，海问律所会综合考量合伙人对事务所的贡献，不仅包括当年度的创收，而且会考量合伙人三年的加权平均业务量。对于律所来说，新合伙人的加入是一种必然，因此，海问同时考虑到了股权分配和利益分配的预留问题。这一点既能确保海问合伙人的利益，又能让利益的分配体现出公平性、合理性。

  海问律所就是综合了合伙人对律所的贡献，制定了合理的利益分配机制。由此可见，企业在对待股权分配和利益分配的问题时，预留一定的空间是非常必要的，同时要对合伙人的优势进行综合考量，进而综合分析其对企业的利益创收。这样才能做到利益分配的公平合理。

  此外，企业要提前预见未来对股权和利益的分配调整，尽可能地将各种情况都考虑进来，这样才能在利益分配方面有足够的变动和调整空间，也不至于因此而影响人才的进入。

预留股权，新老兼顾

股权不是创始合伙人独享的，企业要想吸纳新的优秀合伙人，同样需要在股权分配之初预留股权，用预留股权来吸引并留住新合伙人，从而让企业不断注入新鲜血液，保持企业的实力和战斗力。

当有新的投资人进入企业时，如果企业没有预留股权，可能就会让其他合伙人的股权被稀释。这对企业来说未必是好事。因为大股东的股权稀释会让公司面临易主的威胁。

另外，投资人在对某企业进行投资时，也会关注其股权架构的合理性。如果公司要上市，资本市场也会对上市企业提出要求：股权架构要清晰、合理，因为任何一个投资者的进入和退出，都会引起公司股权结构的变化，企业要对这些变化有所准备、提前思考、整体规划、不断调整，为未来的股权变动准备充足的时间和空间。

D公司是三姐妹成立的家族企业，主要经营服装的加工与销售业务，同时承接外部的订单业务。创办这家企业时，大姐出资30万元，二姐出资20万元，小妹也出资20万元。大姐负责企业的对外业务，按照出资比例持有企业42.85%的股份；二姐负责企业的日常管理，按照出资比例持有企业28.57%的股份；小妹负责企业产品的销售，按照出资比例持有企业28.57%的股份。三姐妹就这样风风火火地开始经营了。

刚开始订单少、产品结构简单，所以三姐妹还忙得过来。但是随着企业的发展以及客户对服装款式要求的变化，三姐妹明显感觉企业缺少一个设计人员，于是她们开始招募服装设计合伙人。三姐妹很快就锁定了当地有名的设计人员张某，而张某提出的条件是必须给他10%的股权。

这下三姐妹傻眼了！这股权从哪里来呢？是股权最多的大姐出让，还是三姐妹平摊？无奈之下，三姐妹只好找股权设计公司咨询。经过股权设计公司的指导，三姐妹终于明白了预留股权的重要性，同时也齐心协力解决了张某10%的股权问题。

相信很多小企业都曾有过案例中三姐妹的经历。创业之初把股权分个净光，等到再有合伙人进入，需要股权稳定合伙人团队的时候，一是没有了股权分配的空间，二是会让原有持股人的权益受到威胁，这是新老合伙人都不愿看到的事情。

预留股权可以充分照顾到老合伙人的感受

谁都愿意把利益吞进自己的肚子里，但是到嘴的利益再吐出来，就是一件很不情愿的事情，甚至一些合伙人会因此作出过分之事，反而引起合伙团队的动荡。事先将股权预留出来，明确这部分预留股权的用途，在老合伙人接受的前提下，再对这部分预留股权进行分配，这样就不会引起老合伙人的不满。无论是用预留股权吸纳新合伙人还是进行股权激励，老合伙人都乐于接受。

吸引新合伙人的强大磁场

企业要想持续发展，需要不断补充、更新血液来保持活力。随着企业的发展，新合伙人的进入是不可避免的。股权就是吸引新合伙人加入企业的强大磁场。给新合伙人一定的股权，他们就会尽快融入团队，把企业当成自己的家，把企业的事当成自己的事来做。同时，股权能够让新合伙人看到他们在企业中的保障和收益，看到企业的实力和对人才的真诚，从而让他们死心塌地为企业服务。

所以，企业在分配股权时，一定要预留一部分股权，兼顾新合伙人和老合伙人的利益和感受，这样才能让老合伙人心理平衡，让新合伙人积极加入。

避免平均主义，"老大"只能有一个

在企业利益分配问题上，我们主张的是公平，而不是平均。平均主义就像大锅饭一样，贡献大的合伙人和贡献小的合伙人拿到的利润分成没区别，就会让合伙人觉得不公平。

避免平均主义

我比你做的贡献多，凭什么我付出了更多却和你拿一样的钱，既然这样，以后我也混日子就可以了；我比你做的贡献少，却和夜以继日努力工作的人得到了同样多的利益，既然这样，我又何必再努力呢！相信多数合伙人在遇到平均主义的企业时都会这么想。

在利润分配问题上，新东方也曾经犯下"平均主义"的错误，导致了大量人才的流失。

新东方董事长俞敏洪表示，新东方曾犯下两个错误，其中一个就是平均主义。

新东方的薪资在行业内算是偏高的，但曾经有一段时间，有些人才虽然拿着高工资依旧要离开，原因就是他们对新东方的工资不满意。他们认为新东方搞平均主义，能力较差的人和水平较高的人的薪资没有差别。离开新东方，即便是薪资没这么高，但是公司能够按照能力和贡献来发放薪水，能者多劳、多劳多得，他们内心也更平衡一些。

对此，俞敏洪深刻地认识到："所有优秀人才，一定是在科学、公平的考核机制下才能留下。"

搞平均主义，新东方并不是唯一的一个。新东方的教训很深刻，平均主义会引起人才的严重不满，会让能者觉得自己的付出没有换来对等的回报，从而丧失工作的积极性；也会让庸者不思进取，维持慵懒的状态。因此，企业利益分配的平均主义是不可取的。对此，企业可以按照不同的职位设定利益分配的系数，也可以按照股权优先原则来分享利润，还可以按照个人业绩占总业绩的比例来分享利润。

维护独一无二的"老大"的利益

在企业中人人都想当老大，但"老大"只能有一个，"老大"必须是一个充满智慧和领导力的人，能够带领企业朝正确的方向高速前进，老大的实力象征着企业的实力，对公司的领导和控制权毋庸置疑，在利益分配中，必须通过股权分配和利益分配保证老大的地位，从而保证"老大"的权威。

虽然"老大"是独一无二的，但必须有"老二""老三"的扶助。"老大"孤军奋战也会势单力薄，必须有得力的干将来辅助"老大"的工作，这样"老大"的正确决策才能得到充分的落实，工作才得以顺利开展。

2016年9月，李某和孙某各出资50%设立了一家培训机构。两人约定凡事要商量着来。她们都觉得只要两个人心平气和、决策符合客观事实，就不会闹矛盾，更不会出现散伙的问题。

没想到培训机构才刚刚创办一年，两人就在一些问题上产生了分歧。培训机构开办一年，有了一定的盈利，李某主张把这部分盈利投资在师资和教学质量上。而孙某主张把这笔钱用于开设连锁机构。

两个人僵持不下、争论不休，就这样，两个月快过去了，两人的矛盾越来越深，却始终没有做出决策，严重影响了机构的发展，并且这笔钱也没花出去，对企业没产生任何效力。

后来李某意识到了问题的所在，其实两个人的观点都行得通，但是因为企业中有两个老大，所以决策出现了困难。李某果断地提出机构存在的问题，并给出了机构股权和利益分配的新方案。新方案表明，李某用30万元购买孙某10%的股权，并保证孙某的收益。孙某发现两人僵持下去对机构的发展没有好处，李某又保证了自己的利益，所以她将企业的决策权交给了李某。

就这样，两个"老大"变成了一个"老大"，同时培训机构的问题也解决了。企业中"老大"只有一个，扶助"老大"的"老二""老三"……却没有过多的人数限制，因为"老大"代表了企业，对企业的命运具有强大的主导作用，因此必须保证独一无二的"老大"的利益。

"亲兄弟明算账"，利益分配公平、公开

一些人进行合伙创业的时候，创业初期更多的是需要义气和信任，靠的是人脉关系，或者是几个人"情投意合"就开始干了起来，在这个时候，合伙人之间并未形成白纸黑字的制度和协议，他们关注的是创业需要什么资源，如何想办法去解决，他们要做出具有哪些突出性能的产品来快速占领市场，如何运作才能保证资金链不断裂、如何维持企业的生命力和活力等问题，因为这些问题是摆在合伙人眼前的最紧迫的问题，所以在创业初期他们很少会针对利益分配的问题进行详细的讨论，都会觉得创业成功了自己肯定有好处拿，具体拿多少也不在乎。

然而往往就是这种稀里糊涂的"不计较"，让合伙人在企业取得一定的盈利之后产生了利益分配的分歧，他们都觉得自己应该得到回报，而之前又没有一定的协议，于是怎么算账、怎么分配利润就各执一词，闹上法庭的也不在少数。

那么，怎么避免这种窘境呢？答案很简单，再亲的兄弟也要明算账，利益分配公平、公开——大众监管下的利益分配会让合伙人们心服口服。

丑话说在前头

创业初期就谈利益分配，在中国这个人人要面子的大环境下，似乎有

些让人开不了口，觉得在创业之初就较其这个问题会伤了和气，但其实不然，"亲兄弟明算账，生意场上无父子"，这也是生意场上的铁律。无论与谁合伙，在开始合伙之前就要将利益分配规则讲清楚，避免后期利益分配的相关麻烦。丑话说在前面，虽然在说"丑话"时会略显尴尬，但这有助于未来的顺利合作，何乐不为呢？

一视同仁、一律平等

企业中难免出现靠裙带关系而进入的合伙人，特别是老婆介绍的人、自己的亲戚朋友进入企业，要与其他合伙人一视同仁、同等对待，不能说你是我的亲戚，我就多给你一些好处。这样做势必会引起其他合伙人的不满：凭什么大家都是靠本事吃饭，而你却可以不费吹灰之力得到比他人更多的利益？

因此，哪怕是再亲密的合伙人，在利益分配时也要和其他合伙人一样，一律一视同仁。

利润分配公平公开

钱是企业经营中的一个很敏感的字眼，特别是在利润分配中，更是引起了合伙人的高度警觉，生怕自己遭受了不公平待遇。为了避免合伙人的猜疑，企业的利润分配尽量采取公开的方式进行，将企业的利润分配方案充分曝光在大家的视线之下，接受众人的监督，这样其他就会减少合伙人内心的疑虑，提高对企业的信赖度和忠诚度。

A公司是一家游戏开发公司，梁某是A公司的老板，梁某的妻子一直在A公司负责人事工作。某年3月份，A公司经过充分的市场调查，计划开发一系列全新的团队手游，但现有的研发团队中缺少精通某项专业技能的人才，这样的技术人才对该项目非常关键，梁某虽然有很多手游圈子的朋友，但并不想让他的这些朋友来担任这个角色，所以A公司开始让梁妻通过各种渠道物色一个技术过硬的人。

梁妻接到公司的通知后就找到梁某，说："不用找啦，你的朋友孙某不就是现成的人才吗？"梁某考虑再三，说明了自己不愿意让孙某担任这个角色的原因，决定先从其他人才招聘渠道挖掘人才，但半个月过去了，依旧没能找到合适的人，眼看离项目启动的计划日期越来越近，梁妻有些着急了，她背着梁某单独去找了孙某，与孙某聊完项目的情况之后，孙某痛快答应了她的邀请。

回到A公司，梁妻把情况向梁某作了说明，梁某觉得孙某是自己的老朋友，既然人家答应了，他也不好再拒绝，于是，孙某尽快与梁某达成协议开始投入工作。

在梁某的带领和支持下，项目进展很顺利，孙某看到了项目的巨大前景，但越是接近尾声，他越感到不平衡：自己给出的是关键技术，给该项目作出了突出贡献，而且该项目未来一年的收益会有上亿元，我这个大功臣才拿到每月2万元的工资！他觉得是梁某欺骗了他，没有把他当朋友看待。

在游戏进行公测的前一天，孙某来到梁某的办公室，要求项目完成后，梁某再支付给他80万元的奖金。梁某是一个做事沉稳的人，在没看到结果之前，他不确定这个项目的年收益，不敢答应孙某的要求，同时，梁某提出了一个给孙某一定的年收益份额的建议。

孙某觉得梁某信不过他，而且他觉得梁某这是缓兵之计，并没有兑现这80万的打算。一气之下，孙某回到自己的办公室，悄悄拷贝了游戏程序后就消失了，不久之后，市面上就出现了孙某经过改版设计的新手游。

在金钱利益面前，再好的朋友关系也可能说翻脸就翻脸，孙某来A公司的时候，觉得与梁某是朋友，并没有提出过多的要求，但当他清楚地看到游戏的前景时，金钱的诱惑仍然让他做出了伤害朋友的事情，也让A公司蒙受了一定的损失。

与亲朋好友合伙经营也存在诸多弊端。亲朋好友之间觉得彼此熟悉，互相了解，因此在合伙相处的时候也会更加随便，从而少了工作关系中的严谨、尊重与必要的沟通和流程。找亲朋好友合伙，他们会想着与你有福同享、有难同当，也想和你享受一样的待遇，收获同样的利益。不只是金钱利益，还有权利，他们都想要和你对等。在这种情况下，更要"亲兄弟明算账"，制订双方公认的利益分配规则，让利益分配公开透明，尽量减少合伙人对于利益分配的闲言碎语和不满情绪，才能保证合伙的顺畅进行。

案例：俞敏洪：合伙人创业一定要把利益提前分配好

俞敏洪作为新东方的创始人兼CEO，他对合伙人的股权分配问题颇有体会。在长江商学院成立十周年的庆典上，他曾就新东方股权分配问题发表了一段讲话，让人受益良多。这里，我们节选了一段和大家分享。

分钱的烦恼

我们合伙的时候通常想得比较简单，几个人一起干，每人拿同样的股份，最后一起发财。一年以后，你会发现有人干得多，有人干得少，这时候怎么办？你就必须要有一整套考评机制，用来确认合伙人和合伙以外的人的业绩。

新东方刚开始的合伙制，其实就是包产到户。我只是把新东方分成了几个板块，比如王强做口语，徐小平做出国咨询，我来做考试。最后各拿各的钱，这是非常松散的合伙制。

在变成一个非常严格的股份制结构的过程中，结果就出问题了。除了王强和徐小平，还有很多重要的人也要分股份，最后我们划分了11位原始股东，但这些人该拿多少股份则是一大难题。

我们比照过去大家所做的贡献进行分配，但是到底谁贡献大，谁贡献小？又花了不少力气，最终还是分配完毕了，不过后来又出现过利润分配的矛盾。

……

其实在分股份之前，新东方100%的股份都是我自己的。分股份时，新东方的净资产有1亿人民币，全是我的投入。如果把股份分出去，无论如何应该给钱吧。比如你拿10%，给我1000万元，很正常，这是原始股价。

但是这帮小股东联合起来对我说：俞敏洪，股份我们要，但钱没有，如果你不给我们股份，我们就要走了。于是就只能送股份。

……

在"分钱"的时候，会发生很多你无法理解的、乱七八糟的事情，这都是需要事先制定机制来预防的。

为新来者留扇窗

合伙人之间会形成一个封闭的系统，会把其他有才能的人排除掉，或是先把利益占有了，其他人进来没有利益可分。

我当时分到了55%的股份，于是我拿出10%作为代持股份。因为新东方必须要有后来人，这股份就是为新管理者准备的。

整个新东方的第二个管理梯队，几乎都是那1000万股招进来的。现在又不一样了，我每年申请期权，发给能干的人，这些人就能不断拿到新东方的股权。

所以合伙还需要一个机制：先要让大家分好股份，紧接着设置一个对干得最多的人增发的机制，也就是要留一个发展空间。

以上这些内容是当年俞敏洪讲话的节选。从这段讲话中，我们能够很清晰地感受到"俞老师"的股权分配策略。

俞敏洪也曾有过分钱的烦恼，但是经历过各式各样的烦恼之后，俞敏洪发现这些烦恼都是需要事先制订机制来预防的。这正是我们所说的"提前制订股权分配和利益分配的规则"。

俞敏洪很睿智,他没有忘记为新来者留扇窗。新来者没有利益可分,自然不会留在企业。新来者有利可图,自然会尽职尽责。

俞敏洪走过的路,可以说很多合伙创业者和企业经营者可能还要走,不可避免地还会走一些弯路才能明白"俞老师"这些话的真实意义。

关系再好的合伙人都难逃一个"利"字。既然利益的问题无法回避,不如在合伙之前把跟钱有关的事情一一说清楚、讲明白,股权如何分配、利益如何分成、决策权力如何划分等,事先白纸黑字地形成明文规定,就不会有人纠结这些问题了。

第八章

合伙制的
有效激励机制

合伙的很大一个作用就是激励，而最好的激励就是让人实实在在地感受到付出总有回报。要想留住优秀合伙人，就要满足合伙人的心理需求和回报预期。那么，怎样的激励机制才能让合伙人满意、让企业获利呢？本章所讲述的五大分配机制可以说是合伙激励机制的主要有效形式。

奖励式激励机制：把超额部分奖给合伙人

每个企业的经营者都希望看到生产量和销售额的提升，但是却很难真正实现。可是企业经营者的意愿未必就是员工的意愿，员工对于产量和销售额似乎漠不关心，他们只是在规定的时间做规定的工作，至于企业的销售额好像与自己并无关系。

出现这样的情况，企业经营者会明里暗里抱怨员工素质不够、责任心不够、敬业心不够，可是他们却不明白员工情绪不高的原因。

这些问题归根结底还是企业的分配机制没有让员工看到多劳多得的现实，如果员工看到的事实是干多干少钱都是给那么多，他们为什么会超常付出呢？作为企业经营者，请你切记：员工的超常付出必须与超常的回报对等。

所以，明智的企业管理者会重视对员工的奖励，员工付出一分就让他们得到一分的回报，增加式分配机制就很好地实现了这一点。

增加式分配机制就是企业设定一个生产额度或销售额度，如果员工在规定的时间内超额完成了任务，超额完成的部分创造的利润就可以按一定的比例奖励给员工，超额完成任务可以得到一定的奖励，你说员工会不会铆劲干？

银行的工作可谓是很多人梦寐以求的铁饭碗，稳定、旱涝保收，员工一开始工作激情满满，但渐渐就会被这种"温水煮青蛙"的生活磨灭掉激情，也会出现安于现状、不思进取的状态，在传统管理中，银行的奖金制度就像大锅饭，人人有份，无法对积极工作的人突出奖励，也无法对消极怠工的人体现制裁。

陕西省某银行为了改变员工的状态和管理现状，决定对利益分配机制进行改革。这次改革首先就要体现多劳多得、多贡献多收益的原则，让员工与银行成为一个利益共同体，并将其收益与其责任、能力、业绩的大小挂钩。

该银行为经营层以及员工根据岗位的不同设定了不同的业绩指标，完成指标任务可以拿到基本的薪资，超额完成部分则按照10%的比例发放奖金。

有了这一制度，该银行的员工都"活"了起来，再也不是一副懒洋洋的状态。他们一改坐等客户上门的状态，开始主动联系客户；他们整天拉着脸、对客户呼来喝去的毛病也得到了改善，脸上的微笑更多了，服务更细致了；他们开始主动寻找增加业绩的方式……

几个月下来，该银行的业绩得到了大幅度的提升，同时员工获得了不菲的奖金，收入水平也提高了。更重要的是，收入的提高进一步激发了员工的积极性，让积极向上的正能量充斥在整个银行。

案例中的银行实行的就是增加式分配机制，效果非常显著，实际上，很多企业在一定的时期都会出现这样的情况：创业初期，合伙人为了让企业获得成功，激情四溢、斗志昂扬，可是当企业有了收益，进入稳定发展阶段的时候，合伙人的心也会松懈下来，紧张感、危机感越来越弱，然后让企业的发展陷入一种不温不火的状态中，这个时候，增加式分配机制就是企业的"救命稻草"。

奖励的手笔要大，足够诱惑人心

既然决定要奖励，就要让奖励震撼人心，让因为没有努力工作而没能得到奖励的员工羡慕、嫉妒，让得到奖励的员工有明显的优越感和成就感，这才达到了奖励的目的。比如，拿出50%以上的纯利润作为员工超额完成任务的奖励。这样的奖励会让员工玩命地干。

奖励要勤，时时刺激更有效

企业对员工实施奖励的频率越勤越好。假如说，企业每天都会进行业绩结算，每天都会对超额完成任务的员工进行奖励，一是让得到奖励的员工干劲更足，二是会刺激未能得到奖励的员工加油努力。如果说企业三年五年才会对员工进行一次奖励，这么长的时间线，会让员工放松下来，渐渐淡化对奖励的渴望，进而恢复到之前的不温不火的状态。

老板别抠门，眼光放长远

奖励就要是大手笔，老板当然会心疼这部分花销。这无疑会在一定程度上降低老板的利益和企业的利益。但你千万别这么想，要把眼光放长远，不舍得对员工进行奖励，员工就没有工作的积极性，企业的利益、老板的利益又从何而来。员工的积极性上来了，才会为企业、为老板带来更大的利益。

总之，增加式分配机制是一种让员工和企业双赢的机制，好好利用这种奖励机制将给企业和合伙人带来一定的好处，让企业和员工始终处于满血状态。

节约式激励机制：设定最低成本系数，把省出来的作为奖金

相对于增加式分配机制来说，减少式分配机制并不是说减少员工的利益，而是减少企业运作的成本、项目运作的成本，从而来提高企业的整体收益，很显然，在销售额不变的情况下，减少企业的运作成本，就会增加企业的利润。

当企业的发展到一定阶段以后，企业的销售额就很难大幅度增加，这个时期也是企业发展的瓶颈时期。在这一时期，企业就可以通过降低运作成本的方式来间接提高企业的利润。面对这种情况，企业就可以设定成本考核机制及成本系数，如果员工能够将成本控制在这个系数规定的水平以下，超额节约下来的成本资金就可以拿出一部分来作为对员工的奖励。

思科公司的成本节约可以说是企业的模范。早在21世纪初，思科就认识到企业的成本节约不光要靠技术，而且要靠员工的自觉。

思科从节约电话费做起，公司会经常通过邮件向员工发送一些节约电话费的措施：

1. 去国外时，应使用公司的AVVID系统拨号，或者使用AT&T的Calling Card。

2. 上网请使用公司专门的800号。

思科的下一步措施就是网络化办公。在思科，82%的客户订单都是通过网络下达的，85%的客户支持网络交易和网络客服。思科的会议和培训也都搬到了网上。思科的会议很少，平时的小会都是通过网络解决。在思科，不存在花费数个小时飞来飞去开会的情况，节约的差旅费都会用在刀刃上。

思科还推行移动办公计划，60%的员工没有固定的工位，每个员工都有一台笔记本，在任何位置都可以办公，甚至在保证工作效率和质量的情况下，还可以在家办公。不仅节约了办公设备，而且节约了打印纸张。

思科的员工会自觉地回收电池、双面打印，出差经济舱是标准。思科老板的办公室也不过6平米……

思科是如何做到让员工心甘情愿去节约的呢？思科因节约而形成的高工资正是员工节约的动力所在。另外，思科的全员期权方案也能从另一个角度解释这个问题。思科的普通员工持有公司40%的期权，这在很大程度上激发了员工的责任感和自发自愿的意识。

思科认为：通过压低员工工资而节约成本的做法是最愚蠢的，有时候反而是增加员工工资的效果更为明显，将员工节约下来的成本按一定比例返还给员工作为奖励，就可以激发员工节约成本的主动性。

那么，如何利用减少式分配机制实现对员工的有效奖励呢？

拿出所节约成本的一定数额奖励员工

企业制定了节约成本的相关规定节约了运营成本就等于提升了利润；

而员工能够因节约办公成本而增加收入,自然其节约意识就会增强。员工为企业节约了成本,企业可以从节约的这部分成本中,拿出一定的数额来奖励员工,员工就会保持节约成本的动力。当然,这个比例也不能太少,比如在增加式分配机制中所说的50%就可以,太少了,员工看不到眼里,节约的意识和激情也不会很强。

把少亏损的部分按一定比例奖励给员工

企业不仅关注成本问题,而且关心亏损问题。减少式分配机制有助于降低企业的亏损。特别是对于初创企业来说,一般都会设置一个收支平衡的期限。在这个期限内,如果通过员工的努力让企业的亏损减少,那么把减少的部分按一定的比例奖励给员工,比如50%,就可以激励员工追求更大的进步。

奖励可以以部门为单位

对于成本的节约,无法具体考核到哪个员工节约了哪些成本,因此企业要发放节约成本的奖励,可以以部门为单位来进行,但是具体的奖励方式可以根据部门的情况和企业的情况而定。

内部优胜劣汰制,淘汰拖后腿的员工

企业中总会有拖后腿的员工。这样的员工既不能为企业创造利润,又占着职位浪费了企业的资源。通过优胜劣汰的规则,将这些业绩很糟糕的员工淘汰掉,就是为企业节约了人力资源成本,将节约下来的用工成本用于奖励留任的员工未也是一件好事。

总之,减少式分配机制就是根据企业设定的最低成本系数来衡量员工对成本节约的贡献,再把成本节约的金额按比例奖励给员工,这样就能激发员工节约成本的意识,培养其节俭的好习惯,对于企业的利润增长也大有裨益。

按揭式分配机制：用未来的筹码留住合伙人

对"按揭"这个词语大家都不陌生。按揭原本属于银行贷款领域，是指按揭人以实物资产或有价证券作抵押，向银行申请贷款并分期还本还息，还清后银行会将抵押物归还按揭人，简单理解就是按揭人用一定的筹码换取一定的资本或权利。

同样道理，"按揭"的理念也可用来留住合伙人。如果你遇到了一位千载难逢的人才，并且想说服他加入企业，合伙经营，但是对方开出的薪资福利条件你并不能满足他，怎么办？用情怀打动他？下血本留住他？这些方法都不是最好的。不如采用按揭式分配机制留住他为企业效力。

李某是一位难得的计算机人才，恰巧遇到了某公司的老总孙某，两人一见如故、相谈甚欢，孙某对李某的大才确实欣赏，于是趁热打铁想拉拢他到自己的企业来作技术合伙人。

李某生在偏远的山村，村子里一直很穷，为了让家人生活得更好，李某外出打工赚钱，媳妇为了照顾年迈的父母和孩子，陪他们留在了村里，他很感激孙某欣赏他的才能，但是也提出了自己的条件：年薪100万。

孙某听了，一方面他觉得李某的要求自己目前无法满足，另一方面实在又想让李某来为自己效力，思考了一会，孙某试探地问李某："一看您就是个有追求而并非只看重钱的人，我想了解一下，您的薪资平时都是如何支配的？"李某说出了自己的难处，并且表示他之所以拼命赚钱是想在老家市区买套房子，让家人过得好一点。

孙某一听说："你们老家市区发展也很慢吧，看这样行不行，现在公司出钱租一套房子，你把家人都接来住，方便你照顾他们。若在公司服务五年，公司首付在某某地段买套房子，你来还贷；如果在公司工作十五年，那公司把首付和贷款都包了。"

李某想了想，这的确是个好办法，房子买在老家，家人还是要分居两地，还是解决不了根本问题，于是他答应了孙某的邀请，很快就签了合同加入了公司。

孙某面对心仪的人才用"按揭"吸引他留下来，可谓互惠互利。要想成功地使用按揭式分配机制留住人才，还需要注意以下几点：

设定的"偿还期"要合理，让希望和动力并存

企业在使用按揭式分配机制时，需要根据不同合伙人的特点和接受能力设置合理的"偿还期"。这个期限，对企业来说一定要超值，如果企业设定的"偿还期"太短，而对合伙人的承诺过高，企业就会得不偿失；如果企业设定的"偿还期"太长，而对合伙人的承诺过低，合伙人也会觉得亏本。合理的"偿还期"既让企业有利润可赚，又让合伙人欣然接受，这才是最好的。

另外，企业与合伙人之间许诺用十年实现一个大目标，不如许诺用两年实现一个小目标。十年是一个漫长的过程，目标过大也会让合伙人觉得

茫然；而两年是很短的一段时间，小目标也是看得到、摸得到的，会让合伙人看到希望而产生动力。

向合伙人提出具体而明确的要求

合伙人肯定是有过人之处的，但是企业吸纳合伙人是让其靠自身的能力为企业创造价值的。合伙人来到企业工作，必须按照企业的方向和标准做事。因此，企业就必须向合伙人提出具体而明确的要求，只有这样合伙人才能保证努力的方向不跑偏，保证目标的实现和承诺的兑现。

恪守信用，兑现承诺

既然当初与人才达成了协议、做出了承诺，在预期目标实现或者期满时，企业就要兑现承诺。如果企业没有按期兑现承诺，就会伤了合伙人的心。

按揭式分配机制协议中的条款都是具有约束力和法律效力的，不要拿诚信当儿戏，毕竟诚信也是激励合伙人、留住合伙人的关键。

案例：永辉超市的合伙制度揭秘

2012年开始，永辉超市开始对一线员工实行合伙制度。其实，永辉超市推出合伙制并非偶然，自开创以来就有着合伙制的基因。当年永辉集团董事长张轩松带领员工刚刚创业的时候，最初的合作模式就有点类似于合伙制的性质。

永辉超市合伙制的发展过程也是一个不断试错的过程，一直在摸索中前进。永辉超市在全国设立了七个大区，共拥有400多家连锁门店。针对区域的差异性，永辉超市设置了不同的合伙制度，其合伙制度曾经有七八个版本，但是经过不断的实践和整合，目前只保留了两三个版本，以满足不同区域的情况。

无论永辉超市的合伙制如何改革、如何变化，其宗旨都万变不离其宗，核心是："总部与经营单位（合伙人代表）根据历史数据和销售预测制定一个业绩标准，如果实际经营业绩超过了设立的标准，增量部分的利润按照比例在总部和合伙人之间进行分配。"

下面我们一起来看看永辉超市合伙制度的发展。

在实行合伙制度之前，永辉集团董事长张轩松到门店调研时发现，基层员工的工作积极性普遍低迷。通过找员工了解，他发现员工出现消极状态的原因是收入太低。当时他就在想，一定要让基层员工的工资翻一倍，可是怎么做到呢？在当时的经营情况下，干巴巴地给员工涨工资是不可能的，于是张轩松开始萌生了在永辉超市内部推行合伙制的念头。

永辉超市的合伙制最初只在某些生鲜品类的销售岗位上试行，让销售岗位的业绩来决定薪水。生鲜类销售的薪水很快就得到了提升，并且员工也意识到合伙制是与企业双赢的制度。随后，永辉超市的合伙制开始在全公司推广，基层员工的待遇和工作态度都得到了明显的改善。

后来，永辉的管理层也意识到其他部门也可以用量化的方式来推行合伙制。比如防损部，可以通过减低损耗率来节约成本，而节约的成本就相当于利润。

目前，永辉集团四成以上的员工都成了企业的合伙人，而且这一比例还会随着制度和企业的发展不断扩大。

员工多了之后，永辉就按照门店或柜组划分了经营单位。经营单位代表基层员工与总部讨论决定预期的毛利作为业绩标准。在后续经营中，如果经营单位的业绩超过这个标准，增量部分的利润就可以拿出来按照合伙制中的相关规定分红。

永辉超市实施合伙制度之后，仅仅两年的时间，员工平均月工资就从2309元增加到2623元，涨幅达14%；日均人效从1610元提高到1918元，涨幅达19%；而离职率则降低了2.46个百分点。如今，除去工资和奖金，永辉超市的员工每个月都能拿到数千元的分红，人人脸上都洋溢着自信的笑容。

永辉的合伙制度还帮企业解决了一个经营问题，经营状况得到了明显改善。除了离职率降低以外，商品损耗率也下降了两个百分点，上货率和更新率大为增加，商品质量和服务质量都得到了明显提升。

曾经有人说，在零售业中，能够将员工分红机制真正落到实处的企业有两家：一家是大润发，另一家就是永辉。为什么永辉超市能够将员工分红落到实处？这其中的原因除了开始我们讲的基因的因素以外，其特殊模式使它更加倚重基层员工的主观能动性。

2010年，永辉集团成功上市。2012年，永辉又进一步拆分成独立板块进行量化考核，让更多的人当上了"老板"。

张轩松曾经在面试一些大学生时问他们，到永辉和到沃尔玛工作有什么区别？有的学生回答：到沃尔玛去是就业，到永辉来是创业。沃尔玛是国际性的大公司，而它的整个组织架构是一个闭环，而到永辉可以发挥我的智慧，一起将它从小做大，成为永辉的分享者。可以说这也是创业和就业的区别。

从永辉超市的合伙制来看，老板将自己应得的利益拿出来慷慨地分给员工，看似是"亏"了，但这却是最高明的激励措施。老板的盈利也是员工创造的，员工的积极性越高创造的利润就越高。老板拿出业绩增量的一部分来奖励员工，员工自然是活力四射。员工拿到的分红越多动力就越足，企业利润增长的可能性就越大。这正应了我国的一句老话：吃亏是福。

第九章

风险无处不在，
合伙制要特别防范的风险

我们都知道风险无处不在，对于合伙创业和经营也是一样。合伙制的风险主要有道德风险、协议风险、财产风险、管理风险、落地风险等，不同的风险会给合伙经营带来不同的麻烦。针对不同的情况，企业管理者要采取不同的措施来预防和控制风险，这样才能让企业的发展之路走得更顺畅。

道德风险：看错合伙人，果断散伙

合伙制已经在世界范围内流行开来，但是并不是每个实行合伙制的企业都很成功。合伙制的实施过程中也存在各种各样的风险，比如看错了合伙人，合伙人的道德存在问题，让合伙受到威胁，这就是合伙制的道德风险。

这种情况并不少见，比如，之前引发轩然大波的国美黄光裕和陈晓、雷氏照明阎焱和吴长江、西少爷、华大基因……无数的先例都让后来者记忆犹新、教训深刻，合伙的道德风险也引起了人们的高度重视。

除了在合作之前对合伙人人品的方方面面进行认真考察之外，在合伙过程中也要对合伙人进行监督和考察。万一真的是当初看走了眼，看错了合伙人，合伙人做出了违背合伙道德的事，损害了其他合伙人及企业的利益，那么就要果断让其散伙出局。

2015年，韩某与何某合伙创办了一家家具生产公司。经过一年的坎坷经营，公司总算步入了正轨，有了一定的起色。但是到2017年，应国家环保的号召，他们的企业的业务类型面临着转型，韩某和何某两个人有点顾不过来。这时候，韩某提出再找一个合伙人专门负责业务，让公司尽快完成转型、产生盈利。韩某看中了在公司工作两年的小赵以及小赵的资源，因为小赵的亲戚在某某城市开了连锁家居卖场，对他们的销售会有一定的帮助。

韩某与何某商量此事，不想何某坚决反对。何某认为小赵这人心眼太多，不老实，不靠谱，不能合伙。但是韩某看中了小赵的渠道资源，不顾何某的坚决反对还是让小赵入伙了。

小赵一入伙，就全权接手了公司的销售事宜。仅仅一个月的时间，小赵就找各种各样的理由开除了原来的销售员和技术员，换成了自己的亲朋好友。不仅如此，他与亲戚的家居连锁卖场的业务往来也是经常徇私舞弊，惹得其他经销商十分不满。

几个月的时间，小赵就中饱私囊，捞到了足够的油水，而公司却出现了一定的资金链危机。等韩某意识到问题的严重性时，小赵早已经不见了踪影。韩某真是后悔当初没听何某的话，但悔之晚矣。

案例中，韩某没有对小赵的人品进行深入调查就与之合伙了，结果小赵由于个人道德问题而让公司蒙受了很大的损失，让公司受到重创。面对这样的情况，企业管理者们该怎么做呢？如何应对合伙过程中的道德风险呢？

合伙前多渠道考察

当你有了目标合伙人之后，不要着急签订合伙协议。首先你需要从正面与侧面的多种渠道对目标合伙人的人品进行全面考察。比如，可以对其之前工作过的公司进行访问，以了解他的工作情况和能力情况；或者，多接触他身边的人，对他的工作和生活进行全面了解；还可以多多观察他的行为，人的下意识的行为是无法造假的。通过多种渠道确定目标合伙人是一个有道德、有思想的人之后，再与之签订合伙协议，确立合伙关系。

不宜合伙的几类人

根据合伙制在市场上践行的经验，有几类人确实不宜与之合伙，主要包括：有诈骗史的人；说话不实在，过分吹嘘的人；缺乏诚信的人；喜欢勾心斗角、玩弄权谋的人；喜欢拉帮结派的人；太重哥们义气的人；爱抱怨、爱发牢骚的人；利欲熏心、斤斤计较的人。

这几类人只注重自身的感受和利益，经常会做出有损其他合伙人利益及企业利益的事，与之合伙需要200%的谨慎。

真看走眼了，就果断散伙

万一真的看走眼了，可能就会把人品有问题、道德有问题的人招进了公司，成了合伙人。一旦他们做出有损其他合伙人利益以及有损企业利益的事情，就要果断提出散伙。俗话说，江山易改本性难移。道德败坏的人，难保其在以后的合伙过程中不再做出"伤天害理"的事情。所以，对于这样的合伙人，要坚决运用合伙制度以及法律的帮助，将他从合伙团队中解散出去。

总之，对于人品低下、道德败坏的人，即使他再有才能，也尽量敬而远之，尽量不要与这样的人合伙，以免造成得不偿失的恶果。

合伙协议条款有漏洞，埋下隐患

合伙协议条款漏洞与合同漏洞相似。合同漏洞是指各合同关于某项条款应该商定但却没有商定，即合同的客观规范内容没有包括某种应处理的事项。合伙协议条款漏洞同样是由于对合伙事宜的一些条款该商定的却没有商定而导致的。

陈女士在山东经营一家健康休闲会所。但前阵子却被20几个人围堵讨薪。究竟是怎么回事呢？

原来，这些讨薪的人的确曾是陈女士的员工，但是是经过一家足浴店介绍过来的。然而打开陈女士与该足浴店的协议，抬头并不是该足浴店，而仅仅有一个地址，落款也只是该足浴店老板的名字，没有公司的公章。

陈女士说，她之所以辞退这些讨薪的员工，是因为他们根本没有任何健康保健技能，完全是外行人，不符合用人标准。再细看陈女士的协议，并没有约定足浴店介绍过来的人要符合什么技术标准，也没有对辞退的有关说明。但是辞退时工资该如何支付？不管有没有依据，没有拿到薪水的员工肯定是找老板要钱。

陈女士所经历的事情很明显是由于合伙协议漏洞造成的。合伙协议条款出现漏洞，就会让合伙人在出现一些情况之后，由于没有处理问题的依据而产生矛盾和冲突。要想根除合伙协议条款漏洞带来的隐患，我们首先就要知道合伙协议条款存在漏洞的原因。

合伙协议是人为制定的，虽然在制定这个协议之前，企业经营者会根据国家有关章程与制度进行疏解，但是仍有些地方会被忽略，这是合伙协议存在漏洞的原因之一。再者，我国是个礼仪之邦，多数人都很讲义气、重感情，所以在合伙之前签订的协议可能就只是个形式，或者根本没有协议，越是这样，越会在合伙出现矛盾时无从解决，甚至会让合伙告吹、让关系破裂。还有一点，合伙之前签订协议时，一些条款双方没有商定，所以就暂缓将这些条款写入协议中，而口头约定再行商议。殊不知，协议一签，真正合伙了，忙起来了，这些未达成一致的条款就会被忽略，一旦真的出现了有关问题，仍旧会进入无凭无据的状态，解决起来很麻烦。

从上面这次合伙协议条款漏洞出现的原因来看，合伙协议条款越详尽越好、越细致越好、晚规定不如早规定。那么，怎样才能做到这几点呢？下面给出一些建议：

熟悉国家法律和政策

对于合伙企业来说，我国已经颁布了《中华人民共和国合伙企业法》。该法是合伙企业设立、经营、管理的根本依据，因此，企业经营者要想引入合伙制，必须熟悉国家的相关法律和政策，清楚国家对合伙企业的规定和约束。以保证企业制定的合伙协议条款在国家规定的范围之内，不出现违规操作。

多多吸取其他企业的经验教训

目前，在我国已经有很多企业成功地引入了合伙制，比如阿里巴巴、万科、海尔等，它们成功的经验值得后来者借鉴。但是，也有一些企业的合伙制出现了问题，没有把企业带向更好的发展之路，它们失败的教训同样需要后来者引以为鉴。多看看其他企业实施合伙制的案例，多吸取经验教训，你可能就会发现一些被忽略的问题，从而在制定自己企业的合伙协议条款加以重视。

理顺企业的合伙细节

企业合伙制协议的拟定并不是照搬照抄成功企业的文本，这样的协议在本企业来说会"水土不服"。我们必须根据自身企业的实际情况来理顺细节，从而针对这些细节来拟定合伙协议条款，这样的协议条款才能更好地为企业服务，才能发挥其真正的效力。

预测合伙过程会出现的问题

任何一家合伙企业在经营过程中都不会是一帆风顺的，难免会遇到磕磕绊绊的问题，在合伙经营之前，企业经营者要预测合伙过程中可能会出现的问题，对这些问题做好充分的心理准备，然后再通过合伙协议加以限制，以达到预防风险、降低风险的目的。

不要碍于面子而忽略一些条款

有些人寻觅的合伙人会是自己的亲朋好友，他们之间有感情基础，做事时也会顾及彼此的面子，在签订合伙协议时，双方碍于面子，可能很多心照不宣的条款并没有被写到协议中，但是在后续的合伙过程中若出现了有损自身利益的事情，即便亲朋好友也会斤斤计较，没凭没据，各执一词反而更糟。因此，在签订合伙协议时，不要碍于面子，事无巨细地将能想到的条款都写到协议中，这对彼此都有好处。

综合来看，合伙协议的条款越详细越好、越具体越好、越早做出规定越好，毕竟这些条款是保证合伙顺利、保证双方利益共赢的有力武器。

第九章 风险无处不在，合伙制要特别防范的风险

涉及合伙制财产的法律风险

合伙创业或经营企业，涉及到钱财的地方很多，但归结起来无非就是出资和分红。

合伙人出资的形式除了货币，还有实物、土地、知识产权等，出资形式不同，产生的财产权利也就不同，这些在合伙协议中都要有详细而明确的约定。

财产归属的约定

合伙财产属于谁？有人说是企业的，有人说是合伙人共有的，还有人说谁贡献的就是谁的，只是拿出来大家一起使用。真实情况远不是这么简单，而是复杂得多。一般情况下，对于出资方式为资金及财产所有权的，应被约定为共有财产，出资方式为房屋使用权和土地使用权的，所有权仍归出资人所有，但合伙人共同享有使用权。劳务、技能等出资方式不能算作合伙企业的财产，因为劳务和技能具有行为性特征，而对于商标、专利等无形资产的出资方式，既可以以所有权出资，也可以以使用权出资，这些是需要合伙人在协议中明确规定的。

2016年，李某多次给王某打电话，称自己有关系，可以承揽某市的小区绿化工程，但无资金运作，期待与王某合伙。王某同意了合伙，并与某市的相关部门签订了A小区、B小区、C小区的景观绿化工程合同。2016年3月，李某通知王某开始施工，工程价款50万元。2016年4月施工正式开始，并且3个月后交由相关部门验收。

之后，李某与王某分工合作，分别留守不同的工地，负责相关区域绿化的养护和管理。趁着空余时间，李某和王某凑到一起，就这段工程中的账目和财产问题进行核对。经核对，这段工程实际支出约合16万元人民币，其中李某垫付7.5万元，王某垫付8.5万元。但是李某垫付的款项中有王某给付的6万元现金。这样算来，李某实际垫付1.5万元，而王某却垫付14.5万元。针对这部分账目问题，李某和王某补签了一份《合伙协议》。

但是这次承包的绿化工程，由于王某完全不懂技术，在施工技术方面全部是李某在负责。李某要求将其技术折合为一定的出资，大约40%左右，王某觉得李某的要求有些过分，并没有同意。针对这一点，二人之间又产生了很大的争议，最终闹到了法庭。但是由于王某和李某之间没有任何关于技术出资的合伙协议，法院判定起来也很为难。

王某和李某的纠纷就是因为对合伙财产的所有权已经产生的相应权益没有明确清晰的约定造成的。对于合伙财产的归属权，如果在合伙协议中没有明确约定，就可能会让合伙人之间产生矛盾和争端，从而给合伙带来一定的风险。

财产登记

企业的合伙财产需要到相关部门进行登记，财产登记需要明确登记手续的经办者、办理时间以及费用等，这些事项都要在合伙协议中明确作出约定。财产登记包括所有权登记和他物权登记，像商标使用权、专利许可等一些权利设定虽然不需要进行审批，但必须将相关的合同在有关部门备案。如果对于这些合伙事宜的约定存在漏洞或缺失，也会增加企业的法律风险。

对瑕疵财产约定相应的处理方式

如果合伙人出具的物资存在瑕疵，就要在合伙协议中明确相应的处理方式，比如补充出资责任等，这样也有助于减少不确定的法律风险。

事实上，合伙人之间财产条款的法律风险是非常严峻的问题，轻则合伙解体，重则诉诸法律，但无论怎样，受影响最大的还是企业和各位合伙人。因此，合伙人要注意规避财产条款的法律风险，不要因为财产问题而伤了和气。

合伙制中事务管理的法律风险

合伙企业比常规管理模式的企业更复杂。

首先,出资形式的多样化决定了合伙人在企业中的价值和分红情况,而这些并没有法律对其做出明确的规定,是由企业内部合伙人协商的。

其次,作为企业的合伙人,他们除了贡献自身的价值之外,还需要互相信任、互相支持,但是合伙人朝夕相处,摩擦是难免的,合伙人的不同个性又会给解决这些矛盾带来困难。

另外,创业初期,合伙团队的目标单一,因此工作事务也较少,容易形成统一的决策。但是随着企业的发展壮大,经营活动日益复杂,再想保持这种全体一致的节奏就会很难,这就会给管理带来难题。

然而,同为合伙人,每个人都想让自己的价值得到体现,都想让自己的观点得到认同,都想让自己在众合伙人中独放异彩,而其价值的体现方式之一就是决策权。但是在同一个合伙团队中,决策权并不是同等的,也不能是同等的,如果大家的决策权都一样,那么你一个意见、我一个观点,听谁的?这样一来,企业根本就没办法高效率地做出正确决策。

在合伙过程中,如何做好事务管理?如何做好决策权的分配从而避免管理决策的法律风险呢？这些问题都成了合伙企业管理的关键的一环。

投票式决策

这种决策方式就是合伙人无论出资多少，每个人都有对某一决策投出一票的权利，这样的方式让企业的管理和决策充分体现出民主和公平，不会出现独裁的现象，更不存在在企业决策中论资排辈的情况。投票式决策是合伙人比较乐于接受的一种管理方式。

出资比例代表决策权大小

前文中，我们说了企业的利润分配可以根据合伙人的出资比例来确定，其实，在实际情况中，合伙人的出资比例还可以成为其决策权大小的依据，出资比例高的合伙人，决策权就相对较大；相反，出资比例较低的合伙人，其决策权就相对较小。这种管理方式就要合伙人拼实力了，但无论权利的大小，只要是对企业发展有利的，合伙人都应该遵从。

按照专长享有对不同事务的决策权

在企业管理权限的分配上还有一种方式：根据每个合伙人的专长，选择他们擅长的领域来享有对不同事务的决策权。比如说，合伙人A擅长客户关系管理，那么在客户关系管理方面，他就可以享有较大的决策权。如此分配管理权限，可以人尽其才、才尽其用，避免权力的大面积交叉和重叠，能更好地提高企业的运行效率，但是这种管理权限分配方式也是要建立在互相信任的基础之上的。

某公司是2012年成立的一家集食品生产、包装、销售于一体的公司。创立之初，公司共有三个合伙人。合伙人杨某在资金运作方面颇有造诣，为公司争取了数百万的融资。合伙人肖某是个技术狂人，对食品生产技术有着丰富的经验和创新能力。合伙人陈某则是个销售达人，几年下来为公司开拓了全国各地的销售渠道，让公司产品红遍大江南北。

三个合伙人和气友好，很少发生矛盾。关于公司的决策都是三个人投票表决，三局两胜。即使对于胜出的决策观点，他们仍旧要经过一番严格的讨论和论证，才正式形成文件下发给员工。

2016年，陈某根据多年的市场经验和发展趋势，他觉得公司的上游供应链仍然存在问题。当时，公司的原材料都是从中间商那里收购的，原材料的质量无法保证不说，价格也是高出农户出售价的几成。陈某想建立一个原材料基地，跨过中间商，直接把控原材料的质量，这样不仅有利于公司产品品质的提高，也能为公司的采购节约成本。

陈某将这一想法告知了杨某和肖某，三人一拍即合。但这个事情谁去运作？三人都忙地焦头烂额了，于是决定再找一个合伙人专门负责此事。很快三人就觅到了供应链方面的人才。但是问题出现了，对于企业的大小决策，以前三人投票表决很容易，但现在四人投票就会出现2：2的情况，因此影响决策的效率。这个时候，新来的合伙人刘某提议：杨某主要负责财务，对财务方面的事务的决策权优于其他三人；肖某负责生产线的开发和创新，对生产方面的决策权优于其他三人；陈某则主要负责销售渠道的维护和开拓，在销售方面的决策权优于其他三人；而刘某自己负责原材料供应方面的事务，对这方面的决策权优于其他几人。

这样一来，四个人分工合作，各司其职又互相监督，公司的决策效率和运行效率再度提升。同时，由于公司的供应链环节得到了改善，产品质量有了很大提高，企业的效益更好了。

案例中的企业在管理决策权限方面的分配是合理的、成功的，保证了企业的高效运行，值得我们借鉴和深思。

关于合伙企业的议事规则，我国《合伙企业法》使用了"协商一致""协商决定""决定""共同决定""同意""一致同意""过半数同意"等七种表述方法。事实上，每个企业的情况都不尽相同，我们要学会结合企业的实际情况，借鉴他人的经验，找到最适合企业的事务管理权限分配模式，从而避免该方面的法律风险。

合伙制中劳务出资的法律风险

《中华人民共和国合伙企业法》规定：经全体合伙人协商一致，合伙人也可以用劳务出资，但是并没有对劳务出资的细节作出规定，而是靠合伙人灵活掌握，比如，劳务出资的条件、劳务出资的量化、劳务出资合伙人的特殊技能量化等，因为这些问题都涉及到劳务出资合伙人的自身情况和切身利益，只能由合伙人自行裁定。

对于合伙人来说，劳务出资存在各种各样的不确定情况，无法用法律作出具体规定，因此也就会有一定的法律风险，主要体现在以下几个方面：

价值确定的法律风险

劳务的价值很难用一个精准的数字对其进行衡量，一般情况下，对于劳务的价值，合伙人之间达成一致的意见即可。但这种行为是不规范的，一旦产生价值纠纷就会伴随着法律风险的发生，因此在对合伙人的劳务价值进行评估时，合伙企业必须事先制定劳务分配比例方案和损失责任承担方案。

承担责任的法律风险

劳务出资在一定程度上说明合伙人的资金能力有限，所以才靠劳务出资来获取合伙人地位。劳务出资承担责任的规则应该事先约定好，考虑到劳务出资合伙人的经济能力，如果出现问题，是否需要劳务出资合伙人承担经济责任或其他责任，劳务出资合伙人如何承担责任……这些问题都要在合伙协议中做出明确规定，否则就容易产生一定的法律风险。

停止提供劳务的法律风险

劳务出资合伙人的价值就是其为企业发展提供的劳务和技术等。在对合伙人的劳务出资价值进行衡量之后，一般也会确定劳务出资合伙人的出资比例。但是假如劳务出资合伙人不再对企业提供劳务服务，其出资比例如何变化就会成为争议的焦点，将劳务出资合伙人不再为企业服务的行为视为撤资或者退伙也是不恰当的，比如劳务出资合伙人随着年龄的增长，不再具备继续提供劳务的必要性等情况，这种情况也需要合伙人进行妥善协商、提前约定，否则也会造成一定的法律纠纷。

退伙的法律风险

劳务出资不像其他出资方式那样会对企业有实际的投入，通常人们会认为劳务停止即出资停止，也不再对企业做出贡献，这正是劳务出资合伙人与企业的矛盾所在：劳务出资合伙人一旦退伙，不仅会造成企业人才的流失，而且也会给企业的技术发展带来一定的影响，直接导致的法律危机更是难以计算。

田某、王某、曹某与公司甲签订了一份合伙协议，拟共同生产经营一种新式饲料加工设备，王某和公司甲各出资200万元，田某以其设备专利出资，经所有合伙人同意估价100万元，曹某则以其劳务作价出资100万元。

新项目很快就投入了研发和生产。他们的产品很快就打入了市场，突然有一天，他们接到了一纸诉状，控告他们的产品存在技术问题和质量问题，原告在使用设备的过程中由于机器故障而导致两个操作工人丧命，现在原告请求赔偿经济损失、精神损失等共计800万元。

　　事情已经出了，必须去解决，但是怎么解决呢？王某、公司甲以资金出资，而且作为最大的股东，承担责任无可厚非，但是田某的出资方式是专利出资，曹某的出资方式是劳务出资，曹某根本拿不出钱来赔偿。怎么办呢？

　　几个人召开会议，共同就合伙时签订的协议做出了分析。按照协议规定，王某和公司甲承担主要赔偿责任，田某承担赔偿责任的20%。但是合伙协议中并未规定曹某承担责任的方式，曹某以自己没钱为由，拒不承担赔偿责任，可其他三位合伙人怎么同意呢，几位合伙人因为劳务出资责任承担的问题出现了矛盾，最终对簿公堂。

　　但是此事之后，曹某主动辞职了，也停止了对企业的劳务服务，由于曹某的劳务技术属于尖端技术，企业一时间很难找到合适的人才替补，最终还是受到了很大的损失。

　　案例中，曹某以劳务出资服务于企业，但合伙协议中对其责任的承担方式并没有做出明确的规定，因此使合伙人内部出现了矛盾，最终曹某停止劳务服务而退伙，致使企业蒙受了一定的损失，可见，劳务出资的法律风险不可小觑，必须引起企业的重视，也应该对此采取一定的措施、做出一定的规定。

隐名合伙的法律风险

隐名合伙人就是只出资，不参与实际经营活动，但享受利益分配，并仅仅根据出资额承担有限亏损责任的合伙人。

根据我国有关法律的规定，隐名合伙人是不提倡的，但是很多当事人还是自行设定了这一制度，原因主要有两点：一是隐名合伙人有大量的资金，想通过合伙的灵活渠道投资；二是企业需要大量的资金，资金是企业的客观需求，因此，隐名合伙是合伙人和企业双方的需求。

隐名合伙人和企业之间的一切约定都是通过合伙协议确定的，因此合伙协议能否详细规定双方的权利义务至关重要。一旦合伙协议无法对双方做出合理的约束和约定，就可能引发一系列的法律风险。

隐名合伙人滥用权力

在合伙企业登记中，隐名合伙人是不会体现出来的，隐名合伙人是单纯的投资者，只承担有限的责任。如果隐名合伙人参与经营管理，再出现滥用职权的现象，其信用风险就高于其他合伙人，给企业带来的风险也会更高。

隐名合伙人不具备劳务出资条件

隐名合伙人的出资形式仅仅是财产权，不参与经营管理，于是劳务出资的条件就不具备了。

隐名合伙人不具备法律地位

我国法律并不承认隐名合伙人在合伙企业中的法律地位，在企业出现亏损时，其他合伙人也不能披露隐名合伙人，因此，隐名合伙人应当承担普通合伙人的责任，其他合伙人对隐名合伙人有保密义务。

明确关系

基于以上几点原因，面对隐名合伙人，一定要在合伙之前明确双方是合伙关系还是借贷关系，然后才能谈及股份的问题。

2016年，张某、李某和王某这三个从小一起长大的好朋友合伙开了一家汽车修理厂。张某出资20万元，王某出资10万元，李某也出资10万元。

修理厂很快开业了，张某和王某负责经营管理，李某并不参与经营。修理厂开业两年，由于经营不善，产生了严重亏损。李某见状，要求撤资，并要求张某和王某这两个经营者出具"修理厂亏损与李某无关"的证明。

三人就承担责任的问题产生了严重的分歧，而且针对证明的有效性也产生了矛盾。

案例中李某只出资不参与经营管理，应该算是修理厂的隐名合伙人，对修理厂的亏损应承担有限责任，但仅限于合伙协议约定的责任。然而三个人并没有书面的合伙协议，这才是问题的关键。

当然，隐名合伙人的股权分配也会另有规则。隐名合伙人可以按股东投入比拿到分红，但不参与经营的股东就没有额外的工资和业绩提成。还有一种情况，参加经营管理的隐名合伙人可以将经营劳动转化为股份，相对来说，不参与经营的股东就会减少股份比例。

鉴于隐名合伙人情况的特殊性，在合伙之前必须对其权利和义务进行明确的规定，以免带来的法律风险给企业造成损失。

案例：扎克伯格是如何将合伙人Saverin"踢出局"的

Facebook创始人扎克伯格与萨维林的合伙始于2003年。那个时候，扎克伯格读大二，萨维林读大三，萨维林出资15 000美元支持Facebook。扎克伯格之所以选择了萨维林，一是萨维林经济条件比较好，二是萨维林有头脑。

2004年，Facebook的网站运营超乎想象得好。于是扎克伯格和室友莫斯科维茨以及合伙人萨维林决定在佛罗里达成立一个网站。之后，扎克伯格和室友前往加州某市运营网站，而萨维林则去雷曼兄弟实习。

就是在这时候，萨维林在Facebook上给自己创立的求职网站上打免费广告。这件事让扎克伯格感到愤怒，他认为萨维林是在另起炉灶与自己竞争。就在那个夏天，Facebook迅速扩张，为了融资，扎克伯格决定重新组建一个新公司，然后收购原来的Facebook。这一提议遭到了萨维林的拒绝。两人的矛盾就此升级了，扎克伯格想踢萨维林出局。

扎克伯格并没有放弃，他开始自行筹资。很快，扎克伯格就拿到了第一笔50万美元的天使投资，让Facebook在特拉华州重组。扎克伯格向萨维林解释重组是为了让公司能够灵活地调解股权结构。萨维林对此没有异议。

2004年10月，萨维林签署了一份股东协议，但他没想到这正是其被踢出Facebook的开始。在这份协议里，扎克伯格自降股份，持股从65%变成51%；而萨维林的股份从30%升为34.4%。但萨维林没注意到这34.4%的股份全是普通股。萨维林持股比例上升是有条件的：把所有的知识产权转交给扎克伯格，同意自己不在场的时候把投票权全权交给扎克伯格。

2005年，Facebook通过两次大量增发普通股大幅度稀释了萨维林的股权，萨维林几乎已经被踢出局了。同年4月，萨维林拒绝签署一些公司协议。但最终的结果是，萨维林很快被扎克伯格正式开除。

事情的经过基本就是这样。萨维林的出局给了我们深刻的教训和启示。在面对合伙风险的时候，我们应当如何处理呢？

争取其他合伙人的支持

在应对合伙风险的时候，不要自己盲目行动，争取到更多合伙人的支持非常重要。特别是面对合伙人罢免、出局问题的时候，取得其他合伙人的支持，达成一致意见，事情会更好办。

寻求公平的解决方法

合伙出现了问题，沟通是关键。企业有关人员一定要与当事人沟通问题的解决方案，特别是经济补偿问题。除了考虑合伙人利益，还要考虑企业的现金流问题。与当事人的沟通也可以与主要投资人一起进行，争取得到多方满意的结果。对于实在无法解决的问题，还可以通过律师手段来解决。毕竟法律是客观公正的，律师出面会更容易解决问题。

面对合伙风险，逃避和推卸责任是没用的，只有坦然面对风险，尽量采取措施降低风险，才能让合伙人和企业减少损失。